**LOUISE L. HAY**

Louise L. Hay é uma das fundadoras do movimento do desenvolvimento pessoal e uma das autoras de maior sucesso de sempre, com uma obra traduzida em cerca de trinta línguas e com mais de 50 milhões de exemplares vendidos em todo o mundo. Através da sua filosofia positiva e das suas técnicas de cura, tem ajudado milhões de pessoas a criar o bem-estar nas suas vidas. A autora é ainda fundadora da Hay House, uma editora dedicada a temas de desenvolvimento pessoal. Além de dirigir a sua editora, Louise organiza e participa em palestras e conferências com vários autores de destaque nesta área. Dedica-se ainda à jardinagem, à pintura e à dança.

PENSAMENTOS DO CORAÇÃO

LOUISE L. HAY

PENSAMENTOS DO CORAÇÃO

Um Tesouro de Sabedoria Interior

Tradução de
ANTÓNIO RECA DE SOUSA

Título original: *Heart Thoughts – A Treasury of Inner Wisdom*
Autor: Louise L. Hay
Copyright © 1990 by Louise L. Hay

Esta edição segue a grafia do Novo Acordo Ortográfico da Língua Portuguesa.

Todos os direitos de publicação desta obra reservados por
Bertrand Editora, Lda.
Rua Prof. Jorge da Silva Horta, 1
1500-499 Lisboa
Telefone: 21 762 60 00
Correio eletrónico: editora@bertrand.pt
www.11x17.pt

Revisão: Ana Rita Silva
Design da capa: Marta Teixeira

Pré-impressão: Bertrand Editora
Execução gráfica: Bloco Gráfico
Unidade Industrial da Maia

1.ª edição: maio de 2017
Depósito legal n.º 423 489/17
ISBN: 978-972-25-3376-8

A autora deste livro não dá conselhos médicos nem prescreve o uso de qualquer forma de tratamento para problemas físicos ou clínicos sem o aconselhamento de um médico, direta ou indirectamente. A intenção da autora é fornecer informação de natureza geral para o ajudar na sua busca de bem-estar emocional e boa saúde. Se usar qualquer informação deste livro para si mesmo, que é um direito que lhe assiste, a autora e o editor não assumem qualquer responsabilidade pelas suas ações.

NOTA: Ao separar a palavra *disease* (doença) por um hífen, a autora cria a palavra *dis-ease* que optámos por traduzir por «mal-estar» e que abrange não apenas os estados de doença, mas igualmente as demais situações de desequilíbrio, tanto físico como emocional, e tudo o que não está em harmonia connosco próprios ou com o nosso ambiente.

INTRODUÇÃO

Este livro é uma combinação de meditações, tratamentos espirituais e excertos das minhas palestras, focando em especial as experiências do nosso dia a dia, e tem por objetivo proporcionar orientação e apoio nas áreas em que possamos sentir mais dificuldades.

Quando nos sentimos vítimas, tendemos para o isolamento. Sentimos a dor e o medo e estamos sempre à procura de alguém que nos salve, alguém que o faça por nós. Mas nós temos capacidade para reagir à vida e dispomos agora de uma oportunidade para descobrir, não no papel de vítimas, mas num modo que nos atribua poder. À medida que iniciamos o processo de ligação com aquilo que eu designo pelo *Eu Interior*, começamos a descobrir que podemos contribuir para uma verdadeira melhoria da qualidade nas nossas vidas. É maravilhoso sentir que não precisamos de depender de mais ninguém e que dentro de nós existe esta capacidade tremenda de realizar mudanças positivas nas nossas vidas. É um sentimento de libertação fantástico.

Algumas pessoas podem assustar-se com esta nova libertação, pois ela assemelha-se à *responsabilidade*. Mas responsabilidade apenas significa que somos capazes de reagir à vida. Esta é uma época de passagem para uma nova era, para uma nova ordem. Já é tempo de nos libertarmos das nossas crenças antigas e dos velhos hábitos. À medida que aprofundamos a nossa aprendizagem e pomos em prática as novas crenças e os novos métodos comportamentais, vamos estar também a contribuir harmoniosamente para a nova ordem no mundo.

Seja paciente consigo próprio. Desde o momento em que toma a decisão de mudar até conseguir atingir os resultados que pretende, sentir-se-á muitas vezes a vacilar entre o novo e antigo. Não se zangue consigo. Queira pôr-se de pé, não seja o primeiro a querer deitar-se abaixo. Talvez seja necessário consultar este livro durante esse período, enquanto sentir essa oscilação entre o novo e o antigo. Talvez queira recorrer às meditações e aos tratamentos diariamente até sentir uma confiança fortalecida na sua capacidade de efetuar a mudança.

Este é um momento de despertar. Saiba que está sempre a salvo. De início, talvez pareça que as coisas não são bem assim, mas em breve aperceber-se-á de que a vida está sempre disponível para si. Compreenda que é possível passar da velha ordem para uma nova ordem, em paz e em segurança.

Eu amo-vos,

Laurie L. Nay

PENSAMENTOS DO CORAÇÃO

*O nosso crescimento espiritual
vem ter connosco muitas vezes
de uma forma que não estávamos
nada à espera.*

ABRO NOVAS PORTAS À VIDA

Você encontra-se no corredor da Vida, e atrás de si há imensas portas que se fecharam. Coisas que já não faz, coisas que já não diz ou que já não pensa. Experiências que já não tem. À sua frente está um imenso corredor cheio de portas — cada uma delas abre-se a novas experiências. E assim se vai afastando do seu passado. À medida que avança, visualize-se a abrir as mais variadas portas para as experiências maravilhosas que gostaria de ter. Confie no seu guia interior, que está a conduzi-lo da melhor maneira, confie que o seu crescimento espiritual se encontra em expansão contínua. Sejam quais forem as portas que se abram, ou que se fechem, você está sempre seguro. Você é eterno. Prosseguirá de experiência em experiência para todo o sempre. Veja-se a abrir as portas da alegria, da paz, da cura, da prosperidade e do amor. As portas da compreensão, da compaixão e do perdão. As portas da liberdade. As portas do valor próprio e da autoestima. As portas do amor-próprio. E está tudo à sua disposição. Que porta vai abrir em primeiro lugar? Lembre-se de que está sempre seguro, que tudo é apenas mudança.

O medo tem origem na falta de confiança
no facto de a vida estar à sua disposição.
Da próxima vez que sentir receio, diga:

«Creio que o processo da vida
tomará conta de mim.»

TODAS AS EXPERIÊNCIAS
ESTÃO CERTAS PARA MIM

Desde o momento em que nascemos, estamos sempre a atravessar portas. O nascimento foi logo à partida uma porta enorme e uma mudança gigantesca. Viemos ao mundo para vivermos a vida neste tempo específico. Escolhemos os nossos pais e passámos muitas portas desde então. Viemos equipados com tudo o que necessitávamos dentro de nós para vivermos esta vida de uma forma plena e enriquecedora. Transportamos connosco toda a sabedoria. Todo o conhecimento está em nós. Temos todas as capacidades e todos os talentos. Em nós está contido todo o amor e toda a emoção de que precisamos. A vida apoia-nos e toma conta de nós e nós precisamos de saber e confiar que isso é assim. Há portas a abrirem-se e a fecharem-se constantemente e, se nos mantivermos centrados em nós, então estaremos também sempre seguros, seja qual for a porta que tivermos de passar. Mesmo quando passamos a última porta neste mundo, isso não representa o fim. É o início de uma nova aventura. Por isso, vamos tomar consciência de que estamos sempre seguros. Experimentar a mudança é seguro. Hoje é um novo dia. Iremos ter muitas e maravilhosas experiências. Somos amados. Estamos seguros. E assim é.

Quanto mais nos focamos
no que não queremos,
mais o conseguimos.

SOU UMA PESSOA POSITIVA

Sei que sou una com toda a Vida. Sinto-me rodeada e impregnada pela Sabedoria Infinita. Por isso tenho confiança absoluta no facto de o Universo me sustentar sempre de um modo tão positivo. A Vida criou-me e ofereceu-me este planeta para eu poder satisfazer todas as minhas necessidades. Tudo o que eu possa precisar esteve sempre aqui à minha disposição. Há mais comida para mim neste planeta do que toda a comida que eu alguma vez conseguiria comer. O dinheiro que existe é muito mais que todo o dinheiro que eu alguma vez conseguiria gastar. Vivem mais pessoas no mundo do que todas as pessoas que eu alguma vez poderia conhecer. O amor que existe é infinitamente mais do que todo o que eu possivelmente poderei experimentar. Existe mais alegria do que eu alguma vez possa imaginar. Este mundo tem tudo o que eu preciso e que desejo. Está tudo aí para eu usar e desfrutar. A Mente Infinita, a Inteligência Infinita responde-me sempre que *sim*. Eu não perco tempo com pensamentos negativos ou com assuntos negativos. Eu faço as minhas opções com cuidado. Escolho olhar para mim e para a Vida da maneira mais positiva. Por isso, digo *sim* à oportunidade e à prosperidade. Digo *sim* a tudo o que é bom. Sou uma pessoa positiva que vive num mundo positivo, a quem o mundo responde afirmativamente. Alegra-me que assim seja. Sinto-me grata e feliz por ser una com a Sabedoria Universal e poder contar com o apoio do Poder Absoluto. Agradeço-Te, meu Deus, por tudo o que tenho para desfrutar aqui e agora.

Olhe para o espelho e diga:

«Amo-me e aceito-me a mim próprio
tal como sou.»

O que é que lhe vem à mente?
Repare bem como é que se sente.
Isso pode ser o centro do seu problema.

ACEITO TODAS AS PARTES DE MIM

Aceitarmo-nos a nós próprios, aceitar todas as múltiplas partes que nos compõem, constitui a parte maior do processo de cura, do tornarmo-nos seres completos. Aceitarmos as alturas em que atuámos bem e as alturas em que não atuámos tão bem... As vezes em que nos assustámos e as vezes em que amámos... As ocasiões em que fomos patetas e tontos e as ocasiões em que fomos brilhantes e inteligentes... Os momentos em que fracassámos e aqueles em que fomos vencedores... Tudo isto são partes de nós. A grande maioria dos nossos problemas tem origem na nossa rejeição de partes de nós próprios — de não nos amarmos inteira e incondicionalmente. Vamos deixar de olhar para trás, para a nossa vida, com sentimentos de vergonha. Vamos olhar para o passado como um produto da riqueza e da plenitude da Vida. Hoje não estaríamos aqui se não fosse esta riqueza, esta plenitude. Quando aceitamos o nosso ser na sua totalidade, tornamo-nos um só e ficamos curados.

Se não se amar total, inteira e plenamente
a si próprio, é porque algures
no caminho aprendeu a não o fazer.
Isso pode ser desaprendido.
Comece a ser gentil para consigo agora.

ACEITO TUDO O QUE CRIEI PARA MIM PRÓPRIA

Amo-me e aceito-me a mim própria tal como sou. Apoio-me a mim mesma, confio em mim e aceito-me onde quer que me encontre. Posso viver no amor do meu próprio coração. Coloco a minha mão sobre o peito e sinto o amor no meu coração. Sei que existe imenso espaço em mim para me aceitar a mim própria aqui e agora. Aceito o meu corpo, o meu peso, a minha altura, a minha aparência, a minha sexualidade e as minhas experiências. Aceito tudo o que criei para mim própria. O meu passado e o meu presente. Estou preparada para permitir que o meu futuro aconteça. Sou uma Expressão Divina e Magnificente da Vida e mereço o melhor. Aceito agora tudo isto para mim. Aceito os milagres. Aceito a cura. Aceito a plenitude. Mas, acima de tudo, aceito-me a mim própria. Sou preciosa e prezo aquilo que sou. E assim é.

Criamos situações e depois desperdiçamos
o nosso poder ao atribuirmos a culpa
das nossas frustrações a outra pessoa.
Não há pessoa, local ou objeto
que tenham poder sobre nós.
Somos os únicos pensadores
nas nossas mentes.

EXPRESSO-ME DE MANEIRA POSITIVA

Normalmente, quando nos vemos envolvidos num acidente e somos nós a pessoa atingida, há um nível profundo em nós no qual sentimos culpa e talvez até uma necessidade de punição. Pode ser que haja muita hostilidade reprimida, um sentimento de que não temos direito de falar por nós próprios. Se for outra a pessoa atingida, muitas vezes o problema é a raiva não exprimida. Esta situação dá-lhe a oportunidade para expressar essa raiva. Há sempre mais «coisas» a acontecerem dentro de si. Um acidente é sempre mais do que um acidente. Quando ocorre um acidente, olhe para dentro e analise o seu padrão de comportamento abençoe a outra pessoa com amor e liberte-se de toda a experiência.

*No momento em que faz afirmações,
está a abandonar o papel de vítima.
Já não está desprotegido.
Reconhece assim o seu próprio poder.*

ESTOU PRÓXIMA DO PASSO SEGUINTE
PARA A MINHA CURA

Uma afirmação é um ponto de partida. Abre o caminho. Você está a dizer ao seu subconsciente: *«Eu assumo a responsabilidade.»* *«Estou consciente de que posso fazer algo para mudar.»* Se continuar a fazer a afirmação, fica pronto para se libertar seja do que for, e nesse caso a afirmação tornar-se-á verdadeira, ou então abrirá todo um novo caminho para si. Poderá acontecer ter uma sessão brilhante de *brainstorm* ou receber o telefonema de um amigo a perguntar: «Já experimentaste isto?» Será conduzido ao próximo passo que o ajudará no seu processo de cura.

*As afirmações dão à nossa
mente subconsciente algo
para trabalhar no momento.*

ESTOU ABERTA E RECETIVA

Quando fazemos afirmações para gerar o bem nas nossas vidas, mas há uma parte de nós que não acredita que somos merecedores, obviamente não vamos conseguir manifestar essas afirmações. Chegaremos ao ponto em que diremos: *«As afirmações não funcionam.»* Ora isso não tem nada que ver com as afirmações, mas sim com o facto de não acreditarmos que somos merecedores.

*Temos de nos consciencializar
daquilo em que acreditamos.*

AS RESPOSTAS DENTRO DE MIM CHEGAM
FACILMENTE À MINHA CONSCIÊNCIA

Se estiver a fazer afirmações em frente de um espelho, tenha sempre ao lado um lápis e um bloco, para que possa tomar nota das mensagens negativas que lhe ocorrem enquanto o faz. Não terá de tratar essa informação imediatamente. Mais tarde, poderá sentar-se com toda a calma e, se tiver uma lista de reações negativas, poderá começar a compreender a razão por que não tem aquilo que diz querer. Se não tiver consciência das suas mensagens negativas, é muito difícil mudá-las.

O mal-estar gera-se na intransigência.
O perdão nada tem que ver com
o comportamento indulgente.
Aquela pessoa, a quem sentimos
tanta dificuldade em perdoar,
a maior parte das vezes é a pessoa de quem
mais necessitamos de nos libertar.
Já descobri que o perdão, o libertarmo-nos
do ressentimento, contribui para dissolver
inclusivamente o cancro.

SOU UM ÍMAN PARA OS MILAGRES

Um bem desconhecido e inesperado está a vir ter comigo agora. Sou muito mais do que das regras e leis — restrições e limitações. Mudo a minha consciência e os milagres ocorrem. Dentro dos centros médicos há um número crescente de práticos iluminados que trilham um caminho espiritual. Agora atraio essas pessoas onde quer que me encontre. A minha atmosfera mental de amor e aceitação funciona como um íman para esses pequenos milagres em cada momento do dia. Onde eu estou, existe uma atmosfera de cura que nos abençoa e traz paz a todos. E assim é.

Tudo nas nossas vidas é o nosso espelho.
Quando algo acontece e não nos sentimos
cómodos com isso, temos de olhar
para dentro e dizer:

«Como é que eu estou a criar isto?
Que parte de mim é que acredita
que eu mereço esta experiência?»

TENHO O ESPAÇO PERFEITO

Vejo-me cheia de gratidão e agradecimento conforme vou percorrendo as nossas instalações. Observo o espaço e os equipamentos ideais para toda a correspondência e expedição, os escritórios bem organizados, uma sala de reuniões bem dimensionada. Todo o equipamento necessário está no sítio certo e o pessoal constitui um grupo harmonioso de gente dedicada. Os escritórios são bonitos, organizados e um lugar de paz. Regozijo-me com o trabalho realizado de apoio ao crescimento espiritual, de cura e harmonização do mundo. Vejo almas abertas e recetivas serem atraídas para as atividades desenvolvidas neste empreendimento. Agradeço os fornecimentos abundantes e sem interrupção a este empreendimento para apoiar a sua missão. E assim é.

Uma das gratificações do amor
por nós próprios é o facto
de nos sentirmos tão bem.

O MEU AMOR É ILIMITADO

Temos tanto amor neste mundo e tanto amor nos nossos corações, mas às vezes esquecemo-nos disso. Às vezes pensamos que não existe o suficiente, ou acreditamos que a quantidade é pequena. Por isso guardamos aquilo que temos e ficamos cheios de medo de o perder. Temos pavor de o deixar sair. Mas aqueles que querem aprender verdadeiramente, percebem que quanto mais deixarem o amor fluir através de si, mais amor descobrirão no seu interior e muito mais receberão. Não tem fim e não tem tempo. Realmente não existe força curativa mais poderosa do que o amor. Sem o amor não poderíamos sobreviver. Se não dermos amor e afeto aos bebés pequeninos, eles enfraquecem e morrem. Muitos de nós acreditam que é possível sobreviver sem amor, mas isso não é verdade. O amor por nós próprios é o poder que nos cura. Pratique isso o mais possível.

Pelo menos três vezes por dia,
ponha-se de pé, com os braços
bem abertos e diga:

«Eu quero deixar o amor entrar.
É seguro deixá-lo entrar.»

EU MEREÇO SER AMADA

Não temos de conquistar o direito ao amor, tal como não temos de lutar pelo direito de respirar. Temos esse direito porque existimos. Você tem o direito de amar porque existe. É tudo quanto precisamos de saber. Você é merecedor do seu próprio amor. Não permita que os seus pais ou as opiniões negativas da sociedade ou os preconceitos sociais o levem a pensar que não é suficientemente bom. A realidade do seu ser é que você é merecedor de todo o amor. Aceite isto e tenha-o bem presente. Quando o fizer realmente, vai descobrir que as pessoas o consideram digno de ser amado.

Você está a meio do processo
de se tornar o seu melhor amigo
— a pessoa cuja companhia mais
prazer lhe dá.

EU AMO-ME E ACEITO-ME A MIM
PRÓPRIA NESTE MOMENTO

Muitas vezes as pessoas não se amam a si próprias enquanto não perderem peso, ou enquanto não arranjarem um novo emprego, um(a) namorado(a), ou seja o que for. Com essa desculpa, conseguimos estar sempre a adiar o amor por nós próprios. Mas o que é que se passa quando finalmente conseguimos o tal novo emprego, ou o(a) namorado(a), ou perder peso, e mesmo assim não sentimos amor por nós próprios? Tratamos logo de arranjar uma nova lista de exigências e, desta forma, conseguimos um novo período de impedimento. A única altura certa para uma pessoa começar a amar-se a si própria é aqui e agora. O amor incondicional é o amor sem expectativas. Aceitar aquilo que é.

Não podemos ensinar às pessoas
as suas próprias lições.
Terão de ser elas a fazer
o trabalho e fá-lo-ão quando
estiverem preparadas.

TODOS OS DIAS APRENDO ALGO DE NOVO

Não seria ótimo se as crianças, em vez de terem de decorar aquelas datas todas das batalhas, aprendessem a pensar, a amar-se a si próprias, a manter boas relações, a ser pais sábios, a utilizar o dinheiro e a ser pessoas sãs? São muito raros aqueles que tiveram orientação sobre estas diferentes áreas das nossas vidas. Se soubéssemos, fá-lo-íamos de maneira diferente.

Na Era de Aquário estamos a aprender
a entrar dentro de nós para encontrarmos
o nosso salvador.
Nós somos o poder de que andamos
à procura.
Cada um de nós está totalmente
ligado ao Universo e à Vida.

ESTE MUNDO É O NOSSO CÉU NA TERRA

Vejo uma comunidade de almas orientadas para a espiritualidade que se reúnem para partilhar, crescer e irradiar as suas energias para o mundo inteiro — cada uma delas livre para desenvolver a sua atividade, mas todas reunidas para melhor preencherem o seu propósito individual. Somos orientados para formar o novo céu na Terra com todos aqueles que têm o mesmo desejo de provarem a si próprios e aos outros que isso é possível aqui e agora. Vivemos juntos em harmonia, amor e paz, e expressamos Deus nas nossas vidas. Estabelecemos um mundo onde cuidar das nossas almas é a atividade mais importante, onde esse é o trabalho de cada indivíduo. Seja qual for a área que escolhermos, há muito tempo e as oportunidades para toda a expressão da criatividade são imensas. Ganhar dinheiro não implicará trabalho ou preocupação. Poderemos expressar através dos poderes interiores tudo o que necessitamos. A educação será um processo de recordar tudo aquilo que já sabíamos e trazê-lo de novo à nossa consciência. Não há doença, pobreza, crime ou engano. O mundo do futuro começa aqui e agora, com todos nós. E assim é.

Se não confia nas outras pessoas,
é porque também não está disponível
para si próprio.
Não se apoia a si mesmo.
Não funciona como a sua própria retaguarda.
Quando começar a estar realmente
disponível, então confiará em si,
e quando confiar em si, confiará
também nos outros.

ESTOU LIGADA AO PODER SUPREMO

Agora chegou a altura de conhecer o seu próprio poder e tudo aquilo que você é capaz de fazer. O que é que pode libertar? Que coisas pode alimentar dentro de si? O que é que pode criar de novo? A sabedoria e a inteligência do Universo estão completamente à sua disposição. A vida está aqui para o apoiar. Se tiver medo, pense na sua respiração e tome consciência de cada vez que respira, conforme o ar entra e sai do seu corpo. O mais precioso que temos nas nossas vidas é a respiração, que nos é concedida de forma inteiramente grátis. Dispomos do suficiente para todo o tempo em que vivermos. Se esta substância tão preciosa nos é concedida gratuitamente, de tal forma que a aceitamos sem sequer pensarmos no assunto, não conseguiremos confiar no facto de que a vida pode providenciar tudo o mais de que precisamos?

Saiba que é consciência pura.
Não está só, ou perdido, ou abandonado.
Você é uno com a Vida.

VOCÊ É ESPÍRITO PURO

Olhe para o centro desse espaço interior e veja essa parte de si que é espírito puro. Luz pura. Energia pura. Visualize todas as suas limitações a caírem uma a uma, até estar salvo, curado e pleno. Saiba que o que quer que esteja a acontecer na sua vida, por mais difícil que tudo possa ser, lá bem no centro do seu ser, você está seguro e é pleno. E assim sempre será. Vida após vida, você é um espírito brilhante — uma luz maravilhosa. Por vezes vimos a este mundo e cobrimos essa luz, escondemo-la. Mas a luz está lá sempre presente. À medida que nos libertamos das limitações e reconhecemos a verdadeira beleza do nosso ser, começamos a brilhar intensamente. Você é amor. É energia. É espírito. Você é o espírito do amor que brilha reluzente. Permita que a sua luz brilhe.

A vida é muito simples.
Cada um de nós cria as suas experiências
através dos seus padrões de pensamento
e de sentimentos.
Aquilo em que acreditamos a nosso respeito
e a respeito da vida acaba
por se tornar realidade.

CRIO PARA MIM PRÓPRIA
NOVAS CRENÇAS MARAVILHOSAS

Estas são algumas das crenças que ao longo dos tempos criei para mim própria e que têm realmente funcionado:

Estou sempre segura.
Tudo o que preciso de saber é-me revelado.
Tudo aquilo de que eu necessito vem ter comigo na altura, no local e na sequência perfeitas.
A vida é alegria repleta de amor.
Para onde quer que vá, eu prospero.
Estou disposta a mudar e a crescer.
Tudo está bem no meu mundo.

Sinta o seu coração abrir-se e saiba
que nele há espaço para si.

EU TRATO-ME COM AMOR INCONDICIONAL

Se a sua infância foi plena de medo e violência e se ainda se pune mentalmente, então continua a usar o velho padrão para tratar a criança dentro de si de acordo com o velho padrão. A criança não tem lugar para onde ir no seu interior. Ame-se a si próprio de tal forma que consiga ultrapassar as limitações dos seus pais. Eles não conheciam melhor maneira de formá-lo. Você foi uma criança linda que fazia exatamente o que a mãe e o pai lhe ensinavam. Agora chegou a altura de crescer e de tomar decisões adultas que o apoiem e o estimulem.

Seja gentil, amável e conforte a criança
dentro de si, conforme vai libertando do seu interior
as antigas mensagens negativas.
Diga:

«Todas estas minhas mudanças são
confortáveis, fáceis e divertidas.»

AMO-ME A MIM PRÓPRIA
COMPLETAMENTE NO PRESENTE

O amor é a maior borracha que existe. O amor apaga mesmo aquilo que fica marcado no mais fundo, porque o amor consegue ir mais fundo do que tudo o resto. Se as impressões da sua infância foram muito fortes e você continua a dizer: *«A culpa é toda deles. Eu não consigo mudar»*, isso significa que parou no tempo. Faça muito trabalho de espelho. Ame-se a si próprio ao espelho, da ponta dos cabelos à ponta dos pés. Vestido e nu. Olhe para os seus olhos e ame a criança dentro de si.

Cada um de nós está a trabalhar
permanentemente com a criança
de três anos que possui dentro de si.
Infelizmente, a maioria passa o tempo
aos gritos com essa criança e depois
interroga-se sobre a razão por que a vida
não lhe corre bem.

ABRAÇO A CRIANÇA DENTRO DE MIM COM AMOR

Tome conta da criança dentro de si. Quem está assustada é ela. Quem está a sofrer é a criança. Não sabe o que há de fazer. Esteja presente para a sua criança. Abrace-a e ame-a. Faça aquilo que puder para satisfazer as necessidades dela. Tenha a certeza de que ela sabe que, aconteça o que acontecer, poderá contar sempre consigo e que nunca lhe virará as costas nem fugirá. A criança será sempre amada.

As crianças imitam sempre
aquilo que nós fazemos.
Se examinar os obstáculos que se erguem
no caminho do seu amor-próprio
e estiver disposto a derrubá-los,
poderá vir a ser um exemplo maravilhoso
para os seus filhos.

EU COMUNICO ABERTAMENTE
COM OS MEUS FILHOS

Manter as linhas de comunicação abertas com os nossos filhos assume uma importância vital, especialmente na adolescência. É muito frequente, quando as crianças começam a discutir as questões, nós dizermos repetidamente: *«Não digas isso.» «Não faças aquilo.» «Não te sintas assim.» «Não sejas assim.» «Essas coisas não se dizem.» «Não, não, não!»* Assim as crianças acabam por se fechar nelas. Param de comunicar. Alguns anos mais tarde, com os filhos já crescidos, os pais começam a dizer: *«Os meus filhos nunca me telefonam.»* Por que razão é que eles não telefonam? Porque algures as linhas de comunicação foram cortadas.

*Sempre que faz um julgamento
ou uma crítica, está a emitir algo
que voltará para si.*

EU AMO SER QUEM SOU

Consegue imaginar o maravilhoso que seria se pudesse viver a sua vida sem nunca ser criticado por ninguém? Não seria fantástico sentir-se completamente descansado, absolutamente confortável? Levantar-se de manhã e saber que o dia vai ser ótimo, porque todos gostam de si e ninguém o critica ou deita abaixo. Seria uma sensação fantástica. E sabe que mais? Pode conceder essa experiência a si próprio. Pode experimentar uma vida maravilhosa que está muito para além da sua imaginação. De manhã pode acordar entusiasmado por se encontrar consigo próprio e sentir a alegria de viver mais um dia.

As pessoas muito críticas atraem a maior
parte das vezes também a crítica,
pois esta faz parte do seu padrão.
Por isso sentem a necessidade
de ser sempre perfeitas.
Conhece alguém neste mundo
que seja perfeito?

EU AMO-ME E ACEITO-ME A MIM PRÓPRIA
TAL COMO SOU

Todos nós temos determinadas áreas da nossa vida que consideramos inaceitáveis ou que não merecem a nossa estima. Se estivermos verdadeiramente zangados com uma parte de nós, muitas das vezes a tendência é para abusarmos de nós próprios. Usamos o álcool, as drogas, os cigarros, comemos de mais, seja qual for o abuso. Punimo-nos. Uma das piores maneiras de tratarmos de nós, uma das coisas que pior nos faz, é o facto de nos criticarmos a nós próprios. Temos de parar com toda a crítica. Quando nos habituamos a fazê-lo, é espantoso como também damos por nós a deixar de criticar as outras pessoas, porque descobrimos que todos são um reflexo de nós próprios e que aquilo que vemos nos outros, estamos a vê-lo em nós. Quando nos queixamos de alguém, na verdade estamos a queixar-nos de nós mesmos. Quando conseguimos amar e aceitar quem somos, não há nada para nos queixarmos. Não conseguimos magoar-nos e não conseguimos fazer ninguém sofrer. Vamos fazer um voto para que não nos critiquemos por nada deste mundo.

A culpa nunca faz ninguém
sentir-se melhor,
nem faz uma situação mudar.
Deixe de se sentir culpado.
Saia dessa prisão.

PERDOO-ME A MIM PRÓPRIA
POR QUALQUER ERRO COMETIDO

Tantas pessoas vivem sob a pesada nuvem da culpa. Desse modo sentir-se-ão sempre mal. Isso assim não é nada. Assim, acaba por passar o tempo inteiro a pedir desculpas e não se desculpa pelo que fez no passado. Assim, manipula os outros à imagem e semelhança do que aconteceu consigo. A culpa não soluciona nada. Se fez algo no passado de que está verdadeiramente arrependido, nunca mais volte a fazê-lo! Se puder compensar a outra parte, faça-o. Caso não possa, não volte a fazê-lo. A culpa anda sempre à procura de castigo e o castigo cria a dor. Perdoe-se a si próprio e perdoe aos outros. Saia desse encarceramento que impôs a si mesmo.

I

A cura significa tornar completo,
aceitar todas as partes que nos compõem,
não apenas as partes de que gostamos,
mas a nossa totalidade.

POSSO CURAR-ME A TODOS OS NÍVEIS

Este é um tempo de compaixão e de cura. Mergulhe dentro de si e conecte-se com essa parte em si que conhece a cura. É possível. Saiba que está no processo da cura. Agora descobre as suas capacidades de cura — capacidades que são fortes e poderosas. Você é incrivelmente capaz. Por isso, queira atingir um novo nível para descobrir competências e capacidades de que não tinha consciência, não para curar um mal-estar, mas para se curar a si em todos os níveis possíveis. Você é espírito e, sendo espírito, é livre para se curar a si próprio... e ao mundo. E assim é.

Descontraia-se e aprecie a vida.
Saiba que tudo o que precisa de saber
lhe é revelado na sequência perfeita
do espaço e do tempo.

ESTOU EM PAZ

Hoje sou uma nova pessoa. Descontraio-me e liberto os meus pensamentos de todo o sentido de pressão. Ninguém, nenhum lugar ou coisa alguma pode irritar-me ou aborrecer-me. Estou em paz. Sou uma pessoa livre que vive num mundo que é o reflexo do seu próprio amor e compreensão. Não sou contra nada. Estou a favor de tudo o que possa melhorar a qualidade da vida. Utilizo as minhas palavras e os meus pensamentos como ferramentas para moldar o meu futuro. Expresso frequentemente a gratidão e o agradecimento e procuro motivos para estar grata. Estou descontraída. Vivo uma vida de paz.

*A felicidade
é sentirmo-nos bem
connosco próprios.*

POSSO FAZER AQUILO QUE EU QUISER

Já sou uma adulta! Posso fazer tudo o que eu quiser. Sempre que faço aquilo que quero fazer, algo de maravilhoso acontece. Dizer *não* a alguém pode ser estimulante. À medida que me vou fortalecendo, encontro mais prazer no mundo. Permito-me divertir-me. Quanto mais me divirto, mais as pessoas vão gostar de mim. Amo-me e aprovo-me a mim própria. Sinto-me bem comigo. Tudo está bem neste meu mundo cheio de prazer.

Estamos numa viagem sem fim
através da eternidade.
Temos vida após vida.
Aquilo que não resolvermos numa vida,
viremos a solucionar na seguinte.

A MORTE NÃO EXISTE

O nosso espírito nunca nos pode ser retirado pois faz parte daquilo que em nós é eterno. Argumento algum poderá retirá-lo de nós. Não há mal-estar nenhum que nos possa tirá-lo. Nenhuma perda de relação o pode fazer. Nem a morte nos pode tirá-lo pois o espírito é eterno. É a parte de nós que prossegue para sempre. Todas as pessoas que conhecemos e que já deixaram este mundo continuam aqui em pura essência, em espírito puro. Sempre estiveram connosco, estão connosco agora e sempre estarão. É verdade que nunca mais nos ligaremos aos seus corpos físicos, mas quando deixarmos os nossos corpos, os espíritos voltarão a encontrar-se. Não há perda. A morte não existe. Existe apenas um ciclo e uma reciclagem de energias — uma mudança de forma. Quando nos relacionamos com os nossos espíritos, vamos para além das coisas mesquinhas. A nossa compreensão é muito maior. O nosso espírito, a nossa alma, a verdadeira essência daquilo que somos está sempre a salvo, sempre segura e sempre bem viva. E assim é.

*Uma tragédia pode transformar-se
na nossa maior sorte, desde que a abordemos
de um modo a partir do qual
seja possível crescer.*

DEIXO A LUZ DO MEU AMOR BRILHAR

Quando experimentamos a dor, ou o medo, ou o pesar e vemos uma luz na escuridão, deixamos de nos sentir tão sós. Vamos considerar esta luz como o amor de outra pessoa a brilhar. Sentimos o seu calor e conforto. Cada um de nós tem a luz do amor dentro de si. Podemos deixar essa luz brilhar, para que nos conforte e possa ser um conforto também para os outros. Todos nós conhecemos pessoas que morreram. Veja agora a luz dessas pessoas a brilhar e deixe essa luz, esse amor, rodeá-lo e confortá-lo. Cada um de nós tem uma quantidade infinita de luz para dar. Quanto mais dermos, mais teremos para dar. Sim, às vezes, até dói sentir mas, na verdade, ainda bem que podemos sentir. Permita que esse amor irradie do seu coração. Sinta o conforto e a paz. E assim é.

Cada um de nós está a fazer o melhor
que sabe neste preciso momento.
Se mais soubéssemos, se tivéssemos
uma maior compreensão, se fôssemos
mais conscientes, atuaríamos
de um modo diferente.

SOU SEMPRE TOTALMENTE ADEQUADA

Elogie-se a si próprio e afirme o quão maravilhoso é. Não se engane a si próprio. Quando faz alguma coisa pela primeira vez, não se puna por não ser logo um profissional. Pratique. Aprenda aquilo que funciona e o que não funciona. Da próxima vez que fizer qualquer coisa nova ou de um modo diferente, algo que esteja a aprender, esteja do seu lado. Não diga o que fez mal; diga, sim, aquilo que correu bem. Elogie-se a si próprio. Faça crescer a confiança para que na próxima tentativa consiga sentir-se bem consigo próprio. Sentir-se-á melhor de cada vez que tentar. Em pouco tempo adquirirá uma nova capacidade.

Liberte a ligação emocional
às crenças do passado para que elas
agora não o magoem.
Se viver plenamente o momento,
o passado, seja ele qual for,
deixará de o poder magoar.

ESTOU SEMPRE SEGURA

Quando reprimimos as nossas emoções, quando as metemos para dentro, estamos a criar um pequeno caos dentro de nós. Ame-se a si próprio de maneira a permitir-se sentir as suas emoções. As dependências, como o álcool, disfarçam as emoções de modo a *não* as sentir. Deixe os seus sentimentos virem à superfície. Pode ser que tenha de processar muita coisa antiga. Comece a fazer afirmações para si próprio, de maneira a tornar este processo mais fácil, mais suave e confortável. Afirme que está disposto a sentir as suas verdadeiras emoções, mas mais importante que isso, continue a afirmar que está seguro.

Há pessoas que procuram exatamente
aquilo que você tem para oferecer,
e neste tabuleiro de xadrez da vida
todos vão ser reunidos.

EU SINTO ALEGRIA NO MEU EMPREGO

O meu trabalho é expressar Deus. Eu sinto alegria no meu emprego. Agradeço cada oportunidade que me é dada para demonstrar o poder da Inteligência Divina a trabalhar através de mim. Cada vez que se me apresenta um desafio, eu sei que é uma oportunidade concedida por Deus, que me emprega, e posso silenciar o meu intelecto, virar-me para dentro, e esperar pelas palavras de tratamento que preencherão a minha mente. Aceito essas abençoadas revelações com alegria e sei que sou merecedora de uma justa recompensa por um trabalho que é bem feito. Em troca deste trabalho estimulante, sou abundantemente compensada. Os meus colegas de trabalho — toda a humanidade — são apoiantes, amorosos, animados e entusiastas, trabalhadores poderosos no campo do desenvolvimento espiritual, quer tenham escolhido estar conscientes desse facto ou não. Eu vejo-os como expressões perfeitas da Mente Una que se aplicam com empenho nos seus trabalhos. Ao trabalhar para este Administrador Executivo não visível mas sempre presente, este Presidente Supremo do Conselho de Administração, sei que a minha atividade criativa gera abundância financeira, pois o trabalho de expressar Deus é sempre recompensado. E assim é.

Sinta esse vigor no andar.
Veja como os seus olhos brilham.
O ser radioso em si está presente.
Sinta-o.

ESTOU SÃ E CHEIA DE ENERGIA

Sei e afirmo que o meu corpo é um lugar amistoso para viver. Respeito o meu corpo e trato-o bem. Ligo-me à energia do Universo e deixo que ela flua através de mim. Tenho uma energia maravilhosa. Sou radiosa, enérgica e estou viva!

Se não fizermos mudanças interiores,
ou temos uma recaída no mal-estar,
ou criamos um novo mal-estar.

DEIXO TODO O MEU SER VIBRAR COM A LUZ

Olhe bem fundo para o centro do seu coração e descubra esse ponto minúsculo de luz brilhante e colorida. É uma cor tão bela… É o centro do seu amor e da energia que cura. Observe enquanto esse ponto minúsculo começa a pulsar e a crescer até preencher inteiramente o seu coração. Deixe-o mover-se através do seu corpo, da cabeça à ponta dos pés e à ponta dos dedos das mãos. Você está absolutamente resplandecente com esta luz maravilhosa e colorida, que é o seu amor, a sua energia que cura. Deixe o seu corpo vibrar com esta luz. Poderá até dizer: *«Com cada respiração, fico cada vez mais saudável.»* Sinta a luz limpar o seu corpo de todo o mal-estar. Veja-a irradiar do seu corpo para o quarto, para o mundo, e para o seu lugar especial neste mundo. Veja a unidade. Você é importante. Você conta. O modo como trata o amor no seu coração é importante. Você faz a diferença. E assim é.

*Se acredita que cometeu um
erro qualquer, então encontrará
uma maneira de se punir.*

EU ASCENDO ACIMA DE TODAS AS LIMITAÇÕES

Cada experiência é um degrau na vida, incluindo os chamados *«erros»*. Ame-se a si próprio por todos os seus erros. Foram todos valiosos para si. Ensinaram-lhe muito. É assim que se aprende. Esteja disposto a parar de se punir por todos os seus erros. Ame-se a si próprio pela sua vontade de aprender e crescer.

Comece a prestar atenção ao que diz.
Não diga nada que não queira
que se torne uma realidade para si.

TUDO O QUE EU FAÇO É FEITO POR OPÇÃO

Elimine a expressão *«tenho de»* do seu vocabulário e do seu pensa mento, porque com isso vai conseguir libertar muita dessa pressão autoimposta. Pode estar a criar uma pressão enorme só porque diz: *«Tenho de me levantar.» «Tenho de fazer isto.» «Tenho de, tenho de.»* Em vez disso, experimente começar a dizer: *«Eu escolho fazer isto...»* Isso dá uma perspetiva completamente diferente à nossa vida. Tudo o que faz, fá-lo por sua escolha. Pode parecer que não, mas assim é de facto.

Cada vez que ouvir dizer
que algo é incurável,
saiba dentro de si que isso não é verdade.
Tenha consciência de que existe
um Poder superior.

O ESPÍRITO INFINITO É ETERNO

O Sol está sempre a brilhar. Mesmo quando as nuvens se atravessam à sua frente e obscurecem o seu brilho, o Sol não deixa de brilhar. O Sol nunca para de brilhar. E apesar de a Terra rodar sobre si mesma e parecer que é o Sol que se põe, este nunca deixa de brilhar. O mesmo acontece com o Poder Infinito e o Espírito Infinito. É eterno. Está sempre presente, a iluminar-nos constantemente. Podemos obscurecer a sua presença com as nuvens do pensamento negativo, mas esse Espírito, esse Poder, essa energia que cura está sempre connosco.

Se tivermos um qualquer hábito compulsivo,
em vez de pensarmos que somos horríveis,
vamos antes perceber
que há com certeza uma
necessidade qualquer ao nível
da nossa consciência
para nos encontrarmos nessa condição.
De outra forma isso nem sequer
estaria a acontecer.

ESTOU A SALVO E SINTO-ME SEGURA
NO MEU MUNDO

Excesso de peso sempre significou proteção. Quando se sente inseguro, ou assustado, você enche-se de proteção. Muita gente vive a maior parte do tempo num estado de irritação consigo própria porque tem peso a mais ou tem sentimentos de culpa por causa da comida. O peso não tem nada que ver com a comida. Há qualquer coisa na sua vida que o faz sentir-se inseguro. Uma pessoa pode lutar contra o excesso de peso durante vinte anos e não obter quaisquer resultados, simplesmente porque não enfrentou a verdadeira causa. Se tem excesso de peso, ponha a questão do peso de lado e trabalhe em primeiro lugar na outra questão — o padrão que diz: *«Preciso de proteção.» «Estou inseguro.»* Não se zangue quando o peso aumenta, porque as nossas células reagem aos nossos padrões mentais. Quando a necessidade de proteção acabar, ou quando começar a sentir-se seguro, a gordura desaparecerá por ela própria. Comece a dizer: *«Eu tinha um problema de peso.»* Assim vai começar a alterar o padrão. Aquilo que optar por começar a pensar hoje vai criar a sua nova linha de pensamento amanhã.

*As pessoas que são viciadas normalmente
andam a fugir de si próprias.
Utilizam o vício para preencherem
o seu interior vazio.*

EU QUERO LIBERTAR TODOS OS MEUS RECEIOS

Se sofre de excesso de peso, pode até ter uma vontade de ferro e a maior disciplina do mundo para tentar uma série de dietas. Pode inclusivamente ser uma pessoa muitíssimo forte e, durante meses, não comer uma garfada sequer de toda aquela comida que *não deve* comer. Infelizmente, no momento em que cede na sua força de vontade, na sua disciplina, o seu peso volta logo a aumentar. Isto explica-se porque, na verdade, não tratou da verdadeira questão. Esteve a tratar apenas os efeitos exteriores. Normalmente, a verdadeira questão à volta do excesso de peso é o medo, que acaba por criar toda a gordura à nossa volta como medida protetora. Podemos passar a vida inteira a combater a gordura e nunca ir ao fundo do problema. Uma pessoa pode inclusivamente morrer a pensar que não foi suficientemente boa porque nunca conseguiu perder todo o peso que tinha a mais. No entanto, a necessidade de se sentir segura poderia ter sido preenchida de um modo bastante mais positivo e o problema do peso ter-se-ia resolvido por si. Diga: *«Quero libertar-me da necessidade do meu problema de peso. Quero libertar-me do medo. Quero libertar-me da necessidade desta proteção. Estou seguro.»*

Todas as respostas a todas as perguntas
que alguma vez fará já estão aqui,
mesmo dentro de si. Cada vez que disser:
«Não sei», estará a fechar a porta
à sua própria sabedoria.

RESPIRO NO AMOR E FLUO COM A VIDA

Você está em expansão ou em contração? Quando expande o seu pensamento, as suas crenças, tudo sobre você mesmo, o amor flui livremente. Pelo contrário, quando se contrai, está a construir muros à sua volta e a fechar-se dentro de si. Se sentir medo, uma ameaça, ou sentir que algo não está bem, respire fundo. A respiração, abre-nos. Endireita-nos a coluna. Abre o nosso peito. Cria espaço para o coração se expandir. Ao praticarmos a respiração estamos a deitar barreiras abaixo e começamos a abrir. É um ponto de partida. Em vez de entrar em pânico total, respire fundo umas quantas vezes e coloque a questão: *«Quero contrair-me ou quero expandir-me?»*

Este é um novo dia.
Comece de novo para exigir
e criar tudo o que é bom.

EXPRESSO O MEU VERDADEIRO SER

Vejo-me consciente da unidade com a presença e o poder de Deus. Vejo-me sempre consciente do poder de Deus dentro de mim, fonte de tudo o que eu desejo. Vejo-me a invocar com confiança a Presença para que satisfaça todas as minhas necessidades. Conhecendo a verdade de tudo o que é, amo incondicio nalmente todas as expressões de Deus. Passeio através da vida na jovial companhia do meu Divino Ser e expresso alegremente a bondade que sou. A minha sabedoria e compreensão do espírito aumentam assim e consigo uma intensidade cada vez maior na expressão da beleza interior e da força do meu verdadeiro ser. A ordem divina está sempre presente na minha experiência e disponho de muito tempo para tudo aquilo que escolhi fazer. Expresso sabedoria, compreensão e amor em todas as minhas relações com os outros e as minhas palavras são Divinamente orientadas. Vejo a minha consciência da abundância espiritual manifestar-se na riqueza — riqueza a utilizar para o bem no meu mundo. Vejo-me a exprimir no meu trabalho a energia criativa do Espírito; escrever e pronunciar com facilidade palavras de verdade, manifestando profundidade na compreensão, na sabedoria. Ideias divertidas, inspiradoras, fluem através da minha consciência para uma expressão da alegria; prossigo essas ideias e manifesto-as plenamente. E assim é.

*Expressar-se de uma maneira
que o preencha é um direito
de nascença seu.*

EU EXPRESSO LIVREMENTE QUEM SOU

De facto, sou abençoada. Existem oportunidades maravilhosas para eu ser eu própria, para me expressar tal como sou. Sou beleza e alegria do Universo que se expressa e que recebe em troca. Rodeio-me da honestidade e da justiça Divina. Sei que a justa ação Divina está a acontecer e, seja qual for o resultado, é sempre perfeita para mim e para todos. Sou una com o mesmo poder que me criou. Sou deslumbrante. Regozijo-me na verdade do meu ser. Aceito-o como tal, concordo que assim seja. Eu digo «assim seja», e sei que tudo está bem neste meu mundo maravilhoso, aqui e agora. E assim é.

*Se quiser o amor e a aceitação
da sua família, terá de sentir amor
e aceitação por eles.*

ABENÇOO A MINHA FAMÍLIA COM AMOR

Nem todas as pessoas têm uma família tão especial como a minha. Nem todos têm tantas oportunidades de abrir o seu coração da maneira como fazemos na minha família. Não estamos limitados pelo que os nossos vizinhos pensam, nem pelos preconceitos da sociedade. Estamos muito além disso. Somos uma família que teve origem no amor e aceitamos com orgulho cada um dos seus membros. Sou especial e mereço amor. Amo e aceito cada membro desta minha família maravilhosa; eles, por seu lado, amam-me e adoram-me. Estou segura. Tudo está bem no meu mundo.

Há pessoas que não sabem dizer «não».
A única maneira que conhecem
de dizer «não» é estarem doentes.

ACEITO O QUE É MELHOR PARA MIM

Se eu lhe atirasse uma batata quente para as mãos, o que é que fazia com ela? Apanhava-a? Tentava agarrá-la enquanto ela lhe queimava as mãos? Porque é que ainda a tentava apanhar? Porque é que não se afastava pura e simplesmente da trajetória? É possível recusar seja o que for, até mesmo um presente. Está consciente disso?

Tudo na sua vida, cada experiência,
cada relação, é um espelho do padrão
mental que existe dentro de si.

SOU UM SER HARMONIOSO

Sou um centro da Mente Divina, perfeita, una e completa. Todos os meus assuntos são orientados Divinamente para a justa ação, com resultados perfeitos. Tudo o que eu faço, digo ou penso está em harmonia com a verdade. Na minha vida, nos meus negócios, há sempre uma justa ação perfeita e contínua. Para mim é completamente seguro mudar. Liberto-me de todos os pensamentos ou vibrações de confusão, caos, desarmonia, desrespeito ou desconfiança. Estes pensamentos são completamente erradicados da minha consciência. Estou ligada harmoniosamente a cada pessoa com quem estabeleço contacto. As pessoas adoram trabalhar e estar comigo. Expresso os meus pensamentos, os meus sentimentos e ideias, e eles são bem-vindos e compreendidos pelos outros. Sou uma pessoa gentil e alegre e todos gostam de mim. Estou a salvo. Sou sinceramente bem-vinda onde quer que vá. Tudo está bem no meu mundo e a vida melhora sempre a cada instante.

Procure no seu coração as injustiças
ainda nele ancoradas.
Perdoe-as e liberte-se delas.

ESTOU CENTRADA NA VERDADE E NA PAZ

Onde quer que eu esteja, só existe Espírito, Deus, Bem Infinito, Sabedoria Infinita, Harmonia Infinita e Amor. Não poderia ser de outra maneira. Não há dualidade. Por isso, aqui e agora, no meu local de trabalho, declaro e afirmo que só existe harmonia infinita, sabedoria e amor. Não há problemas que não tenham solução. Não há perguntas que não tenham resposta. Agora escolho ir para além do problema, procurar a solução da justa ação Divina para qualquer discórdia que possa surgir na atmosfera verdadeiramente harmoniosa desta atividade. Queremos aprender e crescer a partir desta discórdia e confusão aparentes. Libertamos toda a culpa e viramo-nos para dentro para procurar a verdade. Também pretendemos libertar-nos de qualquer padrão que possa existir na nossa consciência e que tenha contribuído para esta situação. Escolhemos conhecer a verdade e é a verdade que nos liberta. A sabedoria Divina, a harmonia Divina e o amor Divino são os valores supremos em mim que me rodeiam e que rodeiam todas as pessoas neste escritório. Esta atividade é a atividade de Deus e Deus está a dirigir, a chefiar, a guiar os nossos movimentos. Declaro para mim, e para cada pessoa desta atividade, a paz, a segurança, a harmonia, um sentido profundo de amor pelo ser e uma vontade alegre de amar os outros. Estamos todos centrados na verdade e vivemos em alegria.

Os seus pais estavam a fazer o melhor
que podiam com a compreensão
e o estado de consciência
que tinham atingido.
Não podiam ensinar-lhe nada
que ainda não soubessem.
Se os seus pais não se amavam
a eles mesmos, não poderiam ensiná-lo
a amar-se a si próprio.

EU CRIO O MEU PRÓPRIO FUTURO AGORA

Independentemente de como tenha sido a sua primeira infância, a melhor ou a pior, agora você é o único responsável pela sua vida. Poderá passar a vida a queixar-se dos seus pais ou do ambiente em que a sua infância foi passada, mas a única consequência que daí advirá será o perpetuar-se num padrão de vítima. Daí nunca resultará o bem que tanto diz querer. O seu pensamento atual é que define o seu futuro. Você pode criar uma vida de negatividade e dor ou criar uma vida de alegria ilimitada. O que é que escolhe?

*Para onde quer que vá
e quem quer que encontre,
encontrará o seu próprio amor
que o espera.*

EU SIGO O CAMINHO DA JUSTA AÇÃO

Na Infinidade da Vida em que me encontro, tudo é perfeito, uno e completo. Sabendo que sou una com a Origem e que sigo o caminho da justa ação, sigo os princípios durante o tempo todo. Opto por alinhar os meus pensamentos com tudo o que conduza ao meu bem supremo e à minha máxima alegria. A qualidade da minha vida reflete este estado em que atualmente pretendo estar. Amo a vida. Amo-me a mim própria. Estou segura em todas as ocasiões. Tudo está bem no meu mundo.

Uma rosa está sempre bela,
sempre perfeita, sempre em mudança.
É assim que nós somos.
Sempre perfeitos, onde quer que
nos encontremos na vida.

ESTOU NO LUGAR CERTO

Tal como as estrelas e os planetas se encontram todos na sua órbita perfeita, também eu me encontro na ordem Divina. Os céus estão num alinhamento perfeito, e eu também. Posso não compreender tudo o que acontece com esta minha mente humana limitada, mas, no entanto, sei que ao nível cósmico me encontro no sítio certo, no tempo certo, a fazer a coisa certa. A minha escolha são os pensamentos positivos. Esta experiência presente é a pedra angular da minha nova consciência e de uma glória ainda maior.

Peça ajuda.
Diga à Vida o que quer
e permita que isso aconteça.

TUDO O QUE EU PRECISO VEM TER
COMIGO NUMA SEQUÊNCIA PERFEITA
NO TEMPO E NO ESPAÇO

Fazer afirmações, escrever listas de desejos, criar mapas do tesouro, fazer visualizações ou escrever um diário, todas estas ações podem ser comparadas a uma ida a um restaurante. O empregado de mesa aceita o nosso pedido e depois dirige-se à cozinha para o transmitir ao chefe. Nós ficamos ali sentados e partimos do princípio que o processo está em andamento. Não perguntamos ao criado de dois em dois segundos: *«Já está pronto? Como é que estão a fazer tudo? O que é que eles andam a fazer?»* Nós passamos o nosso pedido e sabemos que a comida nos vai ser servida. Isto é igual ao que eu designo por *cozinha cósmica*. Fazemos o nosso pedido na *cozinha cósmica* do Universo e sabemos que alguém está a tratar de nós. Vamos ser atendidos numa sequência perfeita no tempo e no espaço.

Se quiser sair da casa onde mora,
agradeça à sua casa atual
ela estar aí para si.
Aprecie-a. Não diga: «Odeio esta casa»,
porque então não vai encontrar
algo de que goste realmente.
Ame o lugar onde está agora para que
se possa abrir para um novo sítio
maravilhoso.

A MINHA CASA É UM ABRIGO DE PAZ

Olhe para a sua casa. Gosta mesmo de aí viver? É um lugar confortável e alegre ou será um sítio completamente atafulhado e sujo, uma confusão permanente? Se não se sentir bem nela, também nunca poderá desfrutar dela. A sua casa é um reflexo de si próprio. Em que estado se encontra? Faça uma limpeza nos armários e no frigorífico. Retire dos armários aquilo que não usou nos últimos tempos e venda, dê ou queime tudo. Desfaça-se dessas coisas todas e arranje espaço para coisas novas. À medida que se liberta, pode dizer: *«Estou a limpar os armários da minha mente.»* Faça o mesmo no frigorífico. Deite fora toda a comida e os restos que por ali estão já há alguns dias. As pessoas que mantêm os armários ou os frigoríficos muito desorganizados também têm mentes confusas. Torne a sua casa um lugar fantástico para viver.

Quanto mais ódio e culpa sentirmos
por nós próprios, menos bem-sucedida será a nossa vida.
Quanto menos ódio e culpa sentirmos,
mais sucesso experimentaremos
na vida — a todos os níveis.

SOU LIVRE

Sou espírito puro, luz e energia. Olho para mim própria como um ser livre. Sou livre na minha mente. Livre nas minhas emoções. Sou livre nas minhas relações. Sou livre no meu corpo. Na minha vida sinto-me livre. Permito-me ligar-me a essa parte de mim que é espírito puro, completamente livre. Liberto todas as minhas limitações e os receios da minha mente humana. Já não me sinto presa. À medida que me ligo ao espírito dentro de mim, essa parte de mim que é espírito puro, apercebo-me de que sou muito mais do que a minha personalidade, ou os meus problemas, ou o meu mal-estar. Quanto mais me ligo a esta parte de mim, mais livre me sinto em cada área da minha vida. Posso escolher ser essa parte do meu espírito que é inteiramente livre. Posso ser livre numa área, posso ser livre em muitas áreas. Quero ser livre. A parte de mim que é espírito puro sabe como guiar-me, como orientar-me de vários modos que são benéficos para mim. Confio na minha parte espiritual e sei que é seguro ser livre. Sou livre no meu amor por mim própria. Deixo que esse amor flua o mais livremente possível. É seguro ser livre. Eu sou espírito e sou livre. E assim é.

Se ainda persiste num hábito, pergunte
a si próprio para que é que isso lhe serve.
O que ganha com isso?
Se já não tivesse esse hábito,
o que aconteceria?
Frequentemente, as pessoas respondem:
«A minha vida seria muito melhor.»
Por que motivo não acredita que merece
uma vida melhor?

EU LIBERTO-ME DA NECESSIDADE
DESTA CONDIÇÃO NA MINHA VIDA

Criamos hábitos e padrões porque de algum modo acabam por nos ser úteis. Às vezes estamos a punir alguém ou então a amar alguém. É incrível o número de doenças criadas para punir um dos pais ou para amá-los. *«Vou ter diabetes, tal como o meu pai, porque eu gosto muito do meu pai.»* Talvez as coisas não se passem sempre ao nível consciente, mas quando começamos a olhar para dentro, acabamos por encontrar o padrão. Muitas vezes criamos negatividade porque não sabemos lidar com alguma das áreas da nossa vida. Precisamos de perguntar a nós próprios: *«Mas eu estou com pena de quê?» «Estou zangado com quem?» «O que é que eu estou a tentar evitar?» «Como é que isto me vai salvar?»* Se não estivermos preparados para nos libertarmos de alguma coisa — se quisermos ficar mesmo agarrados a isso, porque nos é útil —, nada irá funcionar. Quando estamos preparados para nos libertarmos, é espantoso como a mais ínfima coisa nos pode ajudar a cumprir o nosso propósito.

Nós não só temos crenças individuais,
como também temos crenças
familiares e sociais.
As ideias são contagiosas.

EU TENHO VALOR

Se há em si uma voz que diz: *«Não podes ter»*, ou *«Não prestas»*, pense o seguinte: *«Eu quero libertar-me deste pensamento. Já não preciso de acreditar mais nisto.»* Por favor, não lute contra isso. Não é difícil. Trata-se apenas de mudar um pensamento. Você nasceu para desfrutar a vida. Afirme que agora está disposto a abrir-se à abundância e à prosperidade que estão disponíveis em toda a parte. Aqui e agora, faça mentalmente esta reclamação para si: *«Mereço a prosperidade. Mereço o bem.»* Aquilo que declarou já se cumpriu ao nível da consciência e agora manifesta-se na prática. E assim é.

*Respire bem fundo
e liberte a resistência.*

QUERO LIBERTAR A NECESSIDADE
DESTA CONDIÇÃO

Não importa por quanto tempo as crenças negativas tenham estado no seu subconsciente, afirme agora que está livre delas. Afirme que pretende libertar-se das causas, dos padrões da sua consciência que agora criam as condições negativas na sua vida. Afirme que quer libertar a necessidade dessas condições. Fique consciente de que desaparecem, de que se desvanecem e dissolvem de volta ao vazio onde tiveram origem. Esse lixo velho já não tem qualquer poder sobre si. Você está livre! E assim é.

Com que frequência volta ao lixo mental
do passado para criar as experiências
do amanhã?
É necessário fazer com alguma periodicidade
uma boa limpeza mental e deitar fora
o lixo acumulado ou tudo aquilo que já
não lhe serve ou que não usa.
Pode dar um polimento às ideias
positivas e boas que o nutrem e usá-las
com mais frequência.

EU LIBERTO O PASSADO COM FACILIDADE
E CONFIO NO PROCESSO DA VIDA

Feche a porta das memórias antigas e dolorosas. Feche a porta das velhas feridas, da hipócrita incapacidade de perdoar. Considere um acidente no passado em que tenha havido dor e sofrimento — qualquer coisa que lhe seja difícil perdoar ou mesmo só lembrar. Pergunte a si próprio: *«Durante quanto tempo mais quero continuar agarrado a isto? Quanto tempo mais ainda quero sofrer por causa de algo que aconteceu no passado?»* Agora imagine um ribeiro à sua frente e pegue nessa velha experiência, nessa ferida, nessa dor, nessa incapacidade de perdoar, e deite tudo na corrente. Observe como se dissolve e se afasta rio abaixo até que se dissipa inteiramente e desaparece. Você tem a capacidade de se libertar. Você é livre. E assim é.

Se tem sido uma pessoa negativa
que se critica muito a si própria e aos outros
e que vê a vida através de um prisma negro
vai demorar algum tempo a
conseguir dar a volta e tornar-se uma
pessoa amorosa.
É preciso ter muita paciência
consigo próprio.
Não se irrite se não conseguir realizar
a mudança rapidamente.

DECLARO A RIQUEZA E A PLENITUDE
NA MINHA VIDA

Escolho agora afastar-me das crenças limitativas que me têm negado os benefícios que eu tanto desejo. Declaro que vou limpar todos os padrões de pensamento negativos na minha consciência, vou apagá-los e libertar-me deles. A minha consciência está a ser preenchida com padrões de pensamento positivos, alegres e carinhosos, que contribuem para a minha saúde, para a minha riqueza e para as minhas relações amorosas. Liberto-me agora de todos os padrões de pensamento negativos que contribuíram para o medo da perda, o pavor do escuro, o receio de ser magoada, o temor da pobreza, da dor, da solidão, para qualquer espécie de autodestruição ou sentimento de desmerecimento, para qualquer tipo de fardos ou perdas, ou qualquer outro disparate que ainda se arrasta por aí num desses cantos escuros da minha mente. Agora sou livre para permitir e aceitar a manifestação do bem na minha vida. Declaro em mim a riqueza e a plenitude da vida em toda a sua profusa abundância; o amor que flui pródigo, a prosperidade abundante, a saúde vital e vibrante, a criatividade sempre nova e refrescante e a paz que tudo envolve. Mereço tudo isto e estou preparada para aceitar e preservar tudo para sempre. Sou cocriadora com a Totalidade Infinita da Vida e por isso vejo à minha frente a totalidade das possibilidades e alegra-me que assim seja. E assim é!

Arranje um bom grupo de apoio,
especialmente quando não estiver
motivado para fazer uma coisa.
As outras pessoas ajudá-lo-ão a crescer.

TENHO O DIREITO DE TER A VIDA QUE QUERO

Que espécie de relação gostaria de ter com a sua mãe? Coloque esta questão na forma de um tratamento afirmativo e comece a declará-lo. Depois poderá dizer-lhe. Se ainda é ela quem mexe os cordelinhos em si, então não está a conseguir transmitir-lhe com sucesso o modo como se sente. Você tem o direito de ter a vida que quer. Tem o direito de ser um adulto. Pode não ser fácil. Defina as suas necessidades. Pode ser que ela não aprove, mas não a engane. Diga-lhe o que precisa. Pergunte-lhe: *Como é que vamos resolver isto?* Diga-lhe: *«Quero amar-te e desejo ter uma relação maravilhosa contigo, e preciso de ser eu próprio.»*

Cada doença contém uma lição
para aprendermos.

AS MINHAS MÃOS SÃO PODEROSOS
INSTRUMENTOS DE CURA

A imposição de mãos é normal e natural. É um processo muito antigo. Sabe que se lhe doer o corpo, a primeira coisa que faz, para sentir algum alívio, é cobrir com a mão o ponto onde dói? Assim, dê energia a si próprio. Respire fundo e liberte a tensão, o medo, a raiva ou a dor e permita que o amor flua do seu coração. Abra o seu coração para poder receber o amor que entra no seu corpo. O seu corpo sabe exatamente o que fazer com esta energia que cura e como a utilizar. Veja a luz do amor a sair do seu coração — uma luz linda, linda... Deixe esse amor espalhar-se a partir do coração, através dos seus braços, até às suas mãos. Essa luz penetra em todo o seu ser com compaixão, compreensão e carinho. Olhe para si como um ser completo e curado. As suas mãos são poderosas. Você merece o amor. Merece a paz. Merece sentir-se em paz. Merece que tomem conta de si. Permita-se receber. E assim é.

Às vezes, quando a vida nos corre bem,
sentimos ansiedade, pensamos que
acontecerá qualquer coisa
que nos vai levar tudo.
Eu chamo a isso ansiedade corrente.
A ansiedade é medo e falta de confiança
em nós próprios.
Reconheça a ansiedade como aquela parte
de nós que está habituada a ver-nos sempre
preocupados com qualquer coisa.
Agradeça-lhe por partilhar e liberte-se dela.

ESTOU SEMPRE PERFEITAMENTE PROTEGIDA

Lembre-se que os pensamentos de medo procuram protegê-lo. Não será essa a razão do medo? Quando se assusta, a adrenalina dispara para o proteger do perigo. Diga ao medo: *«Agradeço que me queiras ajudar.»* De seguida faça uma afirmação sobre esse medo específico. Reconheça e agradeça ao medo, mas não lhe atribua demasiada importância.

Para reprogramarmos a mente subconsciente
temos de descontrair o corpo.
Alivie a tensão.
Liberte as emoções.
Passe para um estado de abertura
e recetividade. O controlo é seu.
Você está sempre seguro.

A MINHA VIDA É UMA ALEGRIA

A sua mente subconsciente não diferencia o verdadeiro do falso, nem o certo do errado. Nunca diga coisas do género: *«Ai que estúpido que eu sou»*, porque a mente subconsciente capta essas coisas e depois, quando as repete umas quantas vezes, acaba por se sentir assim mesmo. E nessa altura você começa a acreditar naquilo que diz. Não faça humor acerca de si próprio, não se deprecie, nem faça comentários depreciativos sobre a vida, porque isso não lhe trará boas experiências.

Algumas das coisas em que acreditamos
nunca foram verdade.
Eram os medos de outra pessoa.
Conceda a si próprio uma oportunidade
para analisar os seus pensamentos.
Mude os que forem negativos.
Você merece.

EU MEREÇO O BEM NA MINHA VIDA

Quando as nossas mensagens interiores nos transmitem que não nos é permitido sermos felizes, ou quando atingimos algo de positivo nas nossas vidas mas ainda não mudámos este tipo de mensagens, acabamos por fazer qualquer coisa que impede a nossa felicidade. Quando não acreditamos que somos merecedores do bem, somos capazes de puxar o tapete debaixo dos nossos pés. Por vezes magoamo-nos, ou temos problemas físicos, como sofrer uma queda, ou temos mesmo um acidente. Precisamos de começar a acreditar que somos merecedores de todo o bem que a vida tem para nos dar.

*Aprendemos o nosso sistema de crenças
ainda muito pequenos.
A partir daí vamos criando experiências
pela vida fora em conformidade
com as nossas crenças.*

MEREÇO A ALEGRIA

Muitos de nós acreditam que merecem viver numa atmosfera do «não suficientemente bom». Comece a fazer afirmações de que é verdadeiramente merecedor e de que está disposto a ultrapassar as limitações dos seus pais e da sua primeira infância. Olhe para o espelho e diga para si: *«Eu mereço todo o bem. Mereço toda a prosperidade. Mereço a alegria. Mereço o amor.»* Abra os braços e diga: *«Estou aberto e recetivo. Sou maravilhoso. Mereço todo o bem. Eu aceito.»*

Para que a sua vida no exterior possa mudar,
terá de mudar primeiro por dentro.
No momento em que quiser mudar,
é espantoso o modo como o Universo
começará a ajudá-lo, trazendo-lhe tudo
o que necessita.

TODAS AS MINHAS MUDANÇAS
SÃO FÁCEIS DE REALIZAR

Quando iniciamos o trabalho dentro de nós, muitas vezes as coisas ainda pioram antes de começarem a melhorar. Não há problema nenhum se isso acontecer, é apenas o início do processo. São os nós dos novelos antigos a desenlaçarem-se. Deixe-se fluir com o momento. É preciso algum tempo e algum esforço também para aprendermos a nossa lição. Não exija mudanças instantâneas. A impaciência não passa de resistência à aprendizagem. Significa que quer atingir o objetivo sem ter de passar pelo processo. Siga o processo passo a passo. Conforme for percorrendo o caminho, ele tornar-se-á mais fácil.

Diga: «Estou disposto a mudar.»
Está hesitante?
Sente que isso não é verdade?
Qual foi a crença que se atravessou
no seu caminho?
Lembre-se de que se trata
apenas de um pensamento,
e os pensamentos podem ser mudados.

QUANDO UMA PORTA SE FECHA,
ABRE-SE UMA OUTRA PORTA

A vida é uma sequência de portas que se fecham e abrem. Passamos de uns quartos para outros e vamos tendo experiências diferentes. Muitos de nós gostaríamos de fechar umas portas aos velhos padrões negativos, aos velhos bloqueios, a tudo aquilo que já não é frutuoso ou útil. Muitos de nós encontram-se num processo de abertura de novas portas, descobrindo novas experiências fabulosas — por vezes experiências de aprendizagem e também de alegria. Tudo isso faz parte da vida e temos de saber que estamos verdadeiramente em segurança. Trata-se apenas de mudança. Desde a primeira porta que abrimos quando viemos a este planeta, até à última, quando o abandonamos, estamos sempre em segurança. É apenas mudança. Estamos em paz com os nossos seres interiores. Vemo-nos a nós próprios seguros, a salvo, amados. E assim é.

Uma insistência suave e firme,
e consistência naquilo que escolhe pensar,
fará com que as mudanças se manifestem
rápida e facilmente.

ESTOU DISPOSTA A MUDAR

Junte as suas mãos, como para bater palmas. Que polegar ficou apontado para cima? Agora separe as mãos e volte a juntá-las rapidamente, mas na posição inversa, com o outro polegar para cima. Qual é a sensação? É diferente? Talvez tenha a impressão de que algo está *errado*. Volte a separar as mãos e junte-as de novo, como fez da primeira vez. A seguir junte-as como da segunda vez, e depois volte a juntá-las como da primeira vez. Qual é a sensação? Já não está tão *errado*? O mesmo se passa quando aprendemos qualquer novo padrão. É necessário praticar. Poderá dar-se o caso, ao fazer qualquer coisa pela primeira vez, de dizer: *«Não, isto está mal»* e de ser levado a nunca mais tentar, voltando a fazer tudo como antes e como se sentia mais confortável. Se tiver a vontade de praticar um pouco, descobrirá que é capaz de fazer as coisas de uma maneira diferente. Quando se trata do amor por nós próprios, verá que exercitar-se um pouco vale bem a pena.

*Quando estamos preparados
para introduzir mudanças positivas
nas nossas vidas, atraímos tudo
o que é necessário para nos ajudar.*

ESTOU DISPOSTA A MUDAR E A CRESCER

Estou disposta a aprender novas coisas porque eu não sei tudo. Estou disposta a deixar cair os velhos conceitos que para mim já não funcionam. Quero ter a capacidade de olhar para determinados aspetos a meu respeito e ser capaz de dizer: *«Já não quero fazer mais isto.»* Sei que posso ser mais aquilo que verdadeiramente sou. Não uma pessoa melhor, pois isso implicaria que não sou suficientemente boa, mas aprofundar apenas um pouco mais aquilo que sou de verdade. O crescimento e a mudança são excitantes, mesmo quando para esse efeito temos de olhar para qualquer coisa mais dolorosa dentro de nós.

O importante neste momento é aquilo
que escolhe pensar, acreditar e afirmar agora.
São esses pensamentos e essas palavras
que vão criar o seu futuro.
Os seus pensamentos formam as experiências
de amanhã, da próxima semana,
do próximo mês e do ano que vem.

É APENAS UM PENSAMENTO,
E UM PENSAMENTO PODE SER MUDADO

Quantas vezes recusou um pensamento positivo a seu respeito? É que também podemos recusar os pensamentos negativos sobre nós próprios. As pessoas dizem: *«Não consigo parar de pensar nisto.»* Pois bem, é possível. Só tem de ficar claro que é isso mesmo que vai fazer. Não é preciso lutar contra os pensamentos quando queremos mudar algo. Quando surge essa voz negativa, pode dizer: *«Obrigado por partilhares o teu ponto de vista.»* Deste modo não está a entregar o seu poder ao pensamento negativo, mas também não está a negar que ele existe. Você está a afirmar: *«Tudo bem, estás aí e eu agradeço que partilhes a tua opinião, mas prefiro seguir outro caminho. Não estou para aí virado. Quero criar uma outra maneira de pensar.»* Não lute contra os seus pensamentos. Reconheça-os e vá para além deles.

*De cada vez que medita, de cada vez que faz
uma visualização para a cura, em cada
ocasião que pronuncia algo para a cura
do planeta, está a ligar-se às pessoas
que estão a fazer o mesmo.
Está a ligar-se às pessoas na mesma
vibração em todo o planeta.*

EU AJUDO A CRIAR UM MUNDO ONDE SEJA SEGURO AMARMO-NOS UNS AOS OUTROS

Tenho o sonho de ajudar a criar um mundo onde seja seguro amarmo-nos uns aos outros — onde possamos ser amados e aceites tal como somos. Isto é algo que todos nós queríamos quando éramos crianças — sermos amados e aceites tal como éramos. Não quando fôssemos maiores, ou mais inteligentes, ou mais bonitos, ou mais parecidos com o nosso primo, ou a nossa irmã ou o vizinho da frente. Sermos amados e aceites tal como éramos. Crescemos e agora queremos o mesmo — sermos amados e aceites exatamente como somos aqui e agora. Mas não vamos conseguir receber isso das outras pessoas, se não conseguirmos atuar desse modo em primeiro lugar em relação a nós próprios. Se conseguirmos amar quem somos, tornar-se-á mais fácil amarmos as outras pessoas. Quando nos amamos a nós próprios, não nos magoamos e não ferimos os outros. Libertamo-nos dos preconceitos e das crenças acerca da qualidade deste ou daquele grupo de pessoas. Quando nos apercebermos da incrível beleza que existe em cada um de nós, encontraremos a resposta para a paz — um mundo onde seja seguro amarmo-nos uns aos outros.

*Cada um de nós decide encarnar neste
planeta num ponto particular
no tempo e no espaço.
Escolhemos vir aqui para aprender uma lição
específica que nos fará progredir no nosso
caminho espiritual e evolutivo.*

PERMITA QUE O ESPÍRITO
DO AMOR FLUA ATRAVÉS DE SI

Recue no tempo e recorde o melhor Natal da sua infância. Traga essa memória à sua mente e tente visualizá-la com a máxima nitidez. Lembre-se das imagens, dos cheiros, dos sabores, do tato, das pessoas que estavam presentes. Lembra-se de algumas coisas que fez? Se por acaso, em criança, nunca teve um desses Natais mágicos, invente um. Faça-o tal como gostaria que tivesse sido. À medida que vai pensando nesse Natal tão especial, repare como o seu coração se abre. Talvez uma das coisas mais espantosas desse Natal tivesse sido o amor que esteve presente. Deixe que o espírito do amor flua agora através do seu ser. Recolha no seu coração todas as pessoas que conhece e de quem gosta. Envolva-as neste amor. Saiba que pode transportar consigo para toda a parte este sentimento tão especial do amor e do espírito de Natal, e que pode senti-lo o tempo todo, não só nessa época. Você é amor. É espírito. É luz. É energia. E assim é.

*Se trabalhar num ambiente onde há amor
e alegria, e sentir que há apreciação por si,
conseguirá fazer um excelente trabalho
que renderá o dobro.
Descobrirá então que o seu talento
e as suas capacidades são superiores
ao que alguma vez tinha imaginado.*

O NOSSO NEGÓCIO É UMA IDEIA DIVINA

O nosso negócio é uma ideia Divina na Mente Una, criado pelo amor Divino, mantido e sustentado por amor. Cada um dos empregados foi atraído por ação do amor pois aqui é o sítio Divinamente certo para eles, neste ponto do tempo e do espaço. A harmonia Divina atravessa-nos e juntos fluímos de um modo extremamente produtivo e alegre. Foi a ação do amor que nos reuniu especificamente neste local. A ação do direito Divino opera cada aspeto do nosso negócio. É a inteligência Divina que cria os nossos produtos e serviços. O amor Divino junta todos os que podem ser ajudados por aquilo que nós fazemos com tanto amor. Libertamos todos os antigos padrões de reclamação ou de condenação, pois sabemos que a nossa consciência cria todas as nossas circunstâncias no mundo dos negócios. Sabemos e afirmamos que é possível gerir com sucesso a nossa atividade, de acordo com os princípios Divinos, e utilizamos com amor os nossos instrumentos mentais para viver e experimentar as nossas vidas cada vez em maior abundância. Recusamo-nos a ficar limitados seja de que maneira for pelo pensamento da mente humana. A Mente Divina é o consultor do nosso negócio e tem um plano de atividades para nós com o qual nunca sequer sonhámos. As nossas vidas estão preenchidas de amor e alegria porque o nosso negócio é uma ideia Divina. E assim é.

*Alegre-se com o sucesso
das outras pessoas porque
a abundância é suficiente
para todos.*

O NOSSO NEGÓCIO É PRÓSPERO

Nós somos unos com a Mente Universal e, como tal, toda a sabedoria e conhecimento estão à nossa disposição aqui e agora. A nossa orientação é Divina e o nosso negócio prospera, expande-se e cresce. Nós agora optamos por nos libertarmos de quaisquer pensamentos negativos relativamente às limitações nos fluxos financeiros. Abrimos a nossa consciência a um salto quântico na prosperidade ao pensarmos e aceitarmos que enormes quantias de dinheiro inundam a nossa conta bancária. Temos bastante para usar, para poupar e para partilhar. A lei da prosperidade mantém um fluxo financeiro abundante que paga as nossas contas e nos traz tudo o que necessitamos e ainda mais. Todos nós dentro desta organização estamos a prosperar. Escolhemos ser exemplos vivos da consciência na prosperidade. Vivemos e trabalhamos no conforto, na tranquilidade e na beleza. Temos paz interior e segurança. Observamos com alegria e gratidão o nosso crescimento contínuo e o deste negócio, que prospera muito para além das nossas expectativas. Abençoamos este negócio com amor. E assim é.

Há imensos produtos à venda que partem
do princípio de que nós não somos
suficientemente bons ou aceitáveis exceto
quando usamos esses produtos.
As mensagens sobre as limitações
vêm de todas as partes.
Pouco importa o que as pessoas dizem.
A única coisa que conta é o modo
como reagimos
e aquilo em que escolhemos acreditar
acerca de nós próprios.

ESTE NEGÓCIO ESTÁ NAS MÃOS DE DEUS

Nós formamos uma parceria com a Inteligência Divina. Não estamos interessados nos aspetos negativos do mundo empresarial lá fora, pois nada disso tem que ver connosco. Esperamos obter resultados positivos e os resultados positivos vêm ter connosco. Acabamos por atrair somente aquelas pessoas do mundo empresarial que funcionam ao mais alto nível da integridade. Tudo o que fazemos é feito da maneira mais positiva. Somos continuamente bem-sucedidos em cada projeto em que nos envolvemos. Todos aqueles com quem de algum modo mantemos relações comerciais estão também abençoados, prósperos e encantados por estarem ligados a nós. Estamos constantemente gratos pelas oportunidades que nos são proporcionadas de ajudarmos o nosso planeta e cada pessoa que nele vive. Mergulhamos dentro de nós e ligamo-nos à nossa inteligência superior, somos sempre guiados de uma maneira que conduz ao nosso máximo benefício. Todo o nosso equipamento funciona na perfeição. Todos nós temos saúde e somos felizes. Tudo está em harmonia e flui numa ordem perfeita e divina. Tudo está bem. Sabemos que isto é verdade para nós. E assim é.

Comece a escutar aquilo que diz.
Se reparar que está a utilizar
palavras negativas ou limitativas,
modifique-as.

FALO E PENSO POSITIVAMENTE

Se pudesse compreender o poder das suas palavras, teria mais cuidado com aquilo que diz. Falaria apenas através de afirmações positivas. O Universo diz sempre *sim* a tudo o que nós dizemos, independentemente daquilo em que escolhemos acreditar. Se optar por acreditar que não vale grande coisa, que a sua vida também nunca será grande coisa e que nunca conseguirá obter aquilo que deseja, então, será essa a resposta do Universo e será exatamente isso que receberá em troca. No momento em que começar a mudar, no momento em que estiver disposto a trazer o bem à sua vida, o Universo responderá na mesma medida.

*Observe o que se está a passar
na sua vida e saiba que você
não é as suas experiências.*

OBSERVO O QUE ESTÁ A ACONTECER
DENTRO DE MIM

O que é necessário fazer para alcançar esse espaço onde possa ser a pessoa mais feliz e a mais poderosa do seu mundo? Se tiver feito muito trabalho interior e compreender os princípios de que tudo aquilo que pensa e diz sai de si, e que o Universo, na sua resposta, lhe traz tudo isso de volta, então pare para se observar a si próprio. Olhe bem para si sem julgamento e sem crítica. Isto pode parecer um dos maiores obstáculos a ultrapassar. Olhe para si com objetividade — tudo o que há a seu respeito. Observe, sem fazer comentários. Observe calmamente. Conforme cria esse espaço em si para entrar e começa a reparar no que se está a passar — como se sente, como reage, aquilo em que acredita —, atinge então um espaço onde se sente muito mais aberto.

*Não desate a correr por aí, a tentar curar
todos os seus amigos.
Faça o seu trabalho mental e cure-se
a si próprio. Isto terá um efeito nos outros
superior a qualquer outra coisa.*

PERMITO QUE OS OUTROS SEJAM QUEM SÃO

Não podemos forçar os outros a mudarem. Podemos proporcionar-lhes uma atmosfera mental positiva para que tenham a possibilidade de mudar se assim o desejarem. Mas não o podemos fazer por eles. Cada um de nós está aqui para aprender as suas lições, e se tentarmos resolver os problemas dos outros, eles continuarão a cometer os mesmos erros, porque ainda não entenderam aquilo que terão de fazer por si próprios. Tudo o que podemos fazer é amá-los. Deixá-los ser quem são. Saber que a verdade está sempre dentro deles e que podem mudar em qualquer altura, assim que o queiram.

Como é que trata as pessoas mais idosas?
Aquilo que semeia agora é aquilo
que irá colher mais tarde,
quando tiver mais idade.

SINTO UMA COMPAIXÃO DE AMOR PELO MEU PAI

Se tem alguma «história» com o seu pai, mentalmente faça uma meditação e fale com ele, para poder limpar todas essas questões pendentes. Perdoe-lhe e perdoe-se a si próprio. Diga-lhe que o ama. Proceda a essa limpeza na sua mente para poder avançar para um sentimento de maior merecimento a respeito de si próprio.

Quando crescemos temos uma tendência
para recriar o ambiente emocional
da nossa infância.
Temos uma tendência para recriar as relações
que tínhamos com as nossas mães
e os nossos pais,
ou as relações que eles tinham entre si.

EU TOMO AS MINHAS DECISÕES

Muitas pessoas mantêm jogos de poder com os pais. Os pais puxam os cordelinhos. Se *quiser* parar de jogar esse jogo, *terá de* parar mesmo. Já é tempo de crescer e de decidir o que quer realmente. Poderá começar tratando os seus pais pelos primeiros nomes. Comecem a ser dois adultos, em vez de pai e filho.

Repare no que está a pensar neste momento.
Quer que seja este pensamento
a moldar o seu futuro?
É negativo ou positivo?
Repare bem e esteja consciente.

EXPERIMENTO A TOTALIDADE
DAS POSSIBILIDADES DENTRO DE MIM

O que é para si a totalidade das possibilidades? Olhe para ela como uma ausência completa de limitações. Ir além de todas as limitações que possamos ter estabelecido. Deixar a mente ir além de tudo o que pensávamos ser possível: *«Isto não se pode fazer.» «Isto assim não vai dar.» «Não vai chegar.» «Isto é assim mesmo.»* Quantas vezes não terá já utilizado estas limitações? *«Sou uma mulher, não consigo fazer isto.» «Sou um homem, não posso fazer isto.» «Não tenho estudos suficientes para isto.»* Agarramo--nos às limitações porque elas são importantes para nós. Mas as limitações impedem-nos de expressar e vivenciar a totalidade das possibilidades. Cada vez que diz *«Não consigo»*, está a estabelecer um limite. Estará preparado para ultrapassar tudo aquilo em que hoje acredita?

Temos de fazer mais para além
de tratarmos os sintomas.
Temos de eliminar a causa do mal-estar.
Temos de entrar dentro de nós,
onde se iniciou todo o processo.

CADA MÃO QUE ME TOCA É UMA MÃO QUE CURA

Sou um ser precioso, amado pelo Universo. À medida que o amor que sinto por mim cresce, também o Universo o espelha, aumentando o amor ainda mais abundantemente. Eu sei que o Poder Universal está em todo o lado, em cada pessoa, lugar e coisa. Este poder do amor que cura flui através de toda a profissão médica e encontra-se em todas as mãos que tocam o meu corpo. No meu percurso espiritual, eu só atraio pessoas altamente evoluídas. A minha presença permite fazer sobressair as qualidades espirituais e curativas de cada médico. Os médicos e as enfermeiras ficam espantados ao constatarem que têm capacidades para funcionarem comigo como uma equipa que cura.

É seguro olhar para dentro.
Cada vez que olhar mais fundo dentro
de si, mais tesouros incríveis descobrirá.

ESTOU NO CENTRO DA PAZ

O mundo externo não me afeta. Tomo conta do meu próprio ser. Preservo o meu mundo interior pois é nele que eu crio. Faço tudo o que é preciso para manter o meu mundo interior em paz. A paz interior é essencial para a minha saúde e para o meu bem-estar. Mergulho nela e descubro esse espaço onde tudo está calmo e sereno. Consigo visioná-lo como uma lagoa tranquila, profunda e calma, rodeada de relva verde e viçosa e de árvores silenciosas. Também posso olhar para esse espaço como brancas nuvens ondulantes onde me posso deitar e ser acariciada, como deliciosa música que flutua e acalma os meus sentidos. Independentemente do modo como experimento o meu espaço interior, eu encontro sempre a paz. Estou no centro dessa paz. Sou a pureza e a quietude no centro do meu processo criativo. Na paz eu crio. Na paz, vivo, movimento-me e experimento a vida. Como me mantenho centrada na paz interior, experimento a paz no meu mundo exterior. Embora os outros possam ter a discórdia e o caos, isso não me afeta porque eu declaro a paz para mim própria. Embora possa estar rodeada pela loucura, mantenho-me calma e em paz. O Universo é uno na sua grande ordem e paz e eu reflito isso a cada momento da minha vida. As estrelas e os planetas não precisam de se preocupar ou de ter medo para manterem as suas órbitas estelares. O pensamento caótico também não contribui para a minha existência na paz. Eu escolho expressar a paz, porque sou a paz. E assim é.

Quando o bem chega à nossa vida
e nós o negamos dizendo:

«Nem quero acreditar»,
estamos literalmente a repelir o bem.

EU HABITO NOS PENSAMENTOS POSITIVOS

Imagine que os pensamentos são como gotas de água. Quando repetimos os mesmos pensamentos uma e outra vez, estamos a criar uma incrível massa de água. Primeiro temos uma poça, a seguir uma lagoa, e se continuarmos a pensar os mesmos pensamentos, a lagoa transformar-se-á num lago e, por fim, num oceano. Se os seus pensamentos forem negativos, poderá afogar-se no mar da sua própria negatividade. Se os seus pensamentos forem positivos, poderá flutuar no oceano da vida.

Um pensamento que afirma:

«Sou uma pessoa má»,

produz um sentimento negativo.
No entanto, se não tiver esse pensamento,
também não terá esse sentimento.
Mude o pensamento e o sentimento
ir-se-á embora.

AGORA QUERO VER APENAS
A MINHA MAGNIFICÊNCIA

Escolho agora eliminar da minha mente e da minha vida todas as ideias e pensamentos negativos, destrutivos e receosos. Já não presto atenção nem participo em conversas ou em pensamentos prejudiciais. Hoje em dia já ninguém me pode fazer mal porque me recuso a acreditar em ser magoada. Por mais justificado que possa parecer, recuso-me a ceder às emoções prejudiciais. Elevo-me acima de tudo o que pretenda provocar a minha ira ou medo. Os pensamentos destrutivos já não exercem o seu poder sobre mim. A culpa não altera o passado. Penso e afirmo apenas aquilo que pretendo ver criado na minha vida. Estou mais do que habilitada para tudo o que preciso de fazer. Sou una com o poder que me criou. Estou segura. Tudo está bem no meu mundo.

Nós não temos de saber perdoar.
Tudo o que precisamos
de fazer é querer perdoar.
O Universo tratará do resto.

PERDOO TODAS AS EXPERIÊNCIAS DO PASSADO

Sempre que se fala em *perdão*, quem é que nos vem à mente? Quem é essa pessoa, ou que experiência foi essa que achamos impossível esquecer e que nunca vamos perdoar? O que é que nos mantém agarrados ao passado? Quando nos recusamos a perdoar, estamos a agarrar-nos ao passado e torna-se impossível estarmos aqui no presente. Só quando estamos no presente é que podemos criar o nosso futuro. Perdoar é uma dádiva que oferecemos a nós próprios. Liberta-nos do passado, da experiência passada, das antigas relações. Permite-nos viver o tempo presente. Quando nos perdoamos a nós próprios e aos outros, libertamo-nos realmente. O perdão traz consigo um sentido de liberdade fantástico. Frequentemente temos de nos perdoar a nós próprios para podermos suportar experiências dolorosas, quando não nos amamos o suficiente para nos afastarmos dessas experiências. Por isso, ame-se a si próprio, perdoe-se a si próprio, perdoe aos outros e viva o momento. À medida que se for libertando, veja como o peso da velha amargura e das velhas dores sai de cima dos seus ombros, e como as portas do seu coração se abrem de par em par. Quando penetra nesse espaço do amor, você está sempre a salvo. Perdoe todos. Perdoe-se a si próprio. Perdoe todas as experiências do passado. Você é livre.

O que quer que esteja
a acontecer lá fora, é apenas um espelho
do nosso pensamento interior.

CONFIO NA INTELIGÊNCIA DENTRO DE MIM

Só há uma Inteligência. Encontra-se presente em toda a parte e de igual modo. Essa Inteligência está dentro de si e encontra-se em tudo o que você procura. Quando se perde, ou quando perde alguma coisa, não comece logo a dizer: *«Estou no lugar errado, não vou conseguir encontrar o meu caminho.»* Pare com isso. Saiba que a Inteligência dentro de si e a Inteligência dentro daquilo que procura provoca esse reencontro. Nada se perde na Mente Divina. Confie nessa Inteligência dentro de si.

Amar e aprovar-se a si próprio,
criar um espaço de segurança dentro de si,
confiar, ser merecedor e aceitar-se
a si próprio, tudo isso pode criar uma mente
organizada, atrair mais relações de amor,
fazer surgir um novo emprego,
ou até permitir que o peso
do seu corpo se normalize.

ESTE É UM DIA DE PLENITUDE

Cada momento na minha vida é perfeito, total e pleno. Com Deus nunca nada fica inacabado. Sou una com o Poder Infinito, a Sabedoria Infinita, a Ação Infinita, a Unidade Infinita. Desperto com um sentimento de preenchimento, consciente de que completarei tudo aquilo que empreender neste dia. Cada respiração é total e atinge a plenitude. Cada cena que observo é completa em si. Cada palavra que pronuncio é plena e total. Cada tarefa a que me dedico, ou cada porção dessa tarefa, completa-se para minha satisfação. Não luto sozinha na imensidão da vida. Liberto-me de toda a crença na luta e na resistência. Sei e afirmo que sou una com o Poder Infinito e desse modo o meu caminho torna-se mais fácil e suave. Aceito a ajuda de muitos amigos não visíveis que estão preparados para me conduzirem e me orientarem, sempre que eu o permita. Tudo na minha vida e no meu trabalho se encaixa facilmente e sem esforço. As chamadas são feitas a tempo. As cartas recebidas são respondidas. Os projetos dão os seus frutos. Os outros cooperam. Tudo está dentro do programa e encontra-se em perfeita ordem. Tudo é pleno e eu sinto-me lindamente. Este é um dia de plenitude. Declaro que assim é. O meu mundo é poderoso e tudo aquilo que eu declaro e que acredito que seja assim é realmente. E assim é.

Pode passar o seu tempo a queixar-se
e a resmungar com tudo o que correu mal,
e a dizer que não é suficientemente bom,
ou pode pensar em experiências felizes.
Amar-se a si próprio e ter pensamentos
alegres e joviais é o caminho mais rápido
para criar uma vida fantástica.

TENHO UM POTENCIAL ILIMITADO

Na Infinidade da Vida em que todos nos encontramos, tudo é perfeito, uno e completo. Alegra-nos saber que somos um com o Poder que nos criou. Este Poder ama todas as suas criações, incluindo nós. Somos as crianças amadas do Universo e tudo nos foi concedido. Somos a forma mais elevada de vida neste planeta e estamos equipados com tudo o que precisamos para cada experiência que iremos ter. As nossas mentes estão sempre ligadas à Mente Una e Infinita, e como tal, se acreditarmos, todo o conhecimento e toda a sabedoria estarão à nossa inteira disposição. Confiamo-nos à obra de criar somente aquilo que conduz ao bem mais elevado, à alegria suprema e ao que é perfeito para o nosso crescimento espiritual, para a nossa evolução. Amamos quem somos. Estamos especialmente encantados com a encarnação que escolhemos para esta vida. Sabemos que podemos, de um momento para o outro, formar e reformular as nossas personalidades e até os nossos corpos, para progredirmos ainda mais na expressão do nosso imenso potencial. Regozijamo-nos com a nossa ausência de limites e sabemos que à nossa frente está exposta a totalidade das possibilidades em cada uma das áreas. Confiamos absolutamente no Poder Uno e sabemos que tudo está bem no nosso mundo. Que assim seja!

Posso dar-lhe inúmeros bons conselhos
e imensas ideias ótimas,
mas é você quem tem o controlo.
É você quem aceita ou não.
O poder é seu.

RECEBO CONSTANTEMENTE PRENDAS INCRÍVEIS

Aprenda a aceitar a prosperidade em vez de trocá-la. Se um amigo lhe der uma prenda ou o convidar para almoçar, não tem de retribuir imediatamente. Consinta que a pessoa lhe dê a prenda. Aceite-a com alegria e prazer. Pode até nunca retribuir a essa pessoa. Pode dar algo a outra pessoa. Se alguém lhe der uma prenda que não pode usar ou que não quer, diga: *«Aceito com alegria e prazer e gratidão»*, e passe-a a outra pessoa.

A raiva é um mecanismo de defesa.
Você está defensivo porque
está assustado.

LIBERTO-ME FACILMENTE DO PASSADO
E CONFIO NO PROCESSO DA VIDA

A raiva é um processo normal e natural. Normalmente irritamo-nos sempre com as mesmas coisas. Por vezes, quando estamos irritados, sentimos que não temos o direito de nos expressar e, por isso, muitas vezes acabamos por meter tudo para dentro. Essa raiva não expressa tem tendência para se alojar numa parte específica do corpo e manifestar-se posteriormente como um mal-estar. Durante anos e anos vamos acumulando a raiva nessa mesma região do corpo. Assim, para nos curarmos, temos de soltar os nossos verdadeiros sentimentos cá para fora. Se não puder expressar esses sentimentos diretamente à pessoa em causa, ponha-se em frente a um espelho e fale com essa pessoa. Diga-lhe tudo: *«Estou chateado contigo.» «Estou assustado.» «Estou preocupado.» «Magoaste-me.»* Continue até sentir que se libertou da raiva. Respire fundo, olhe para o espelho e pergunte: *«Qual foi o padrão que criou tudo isto?» «O que posso fazer para mudar?»* Se puder mudar o sistema de crenças que criou o seu comportamento, não precisará mais de se comportar assim.

Uma das piores coisas que podemos fazer
é zangarmo-nos connosco próprios.
A raiva só nos prende ainda mais
aos nossos padrões.

ESTOU LIVRE PARA SER QUEM SOU

Não engula a sua raiva e não a deixe alojar-se no seu corpo. Quando se chateia, conceda a si próprio algum alívio físico. Existem vários métodos para libertar esses sentimentos de um modo positivo. Feche os vidros do carro e grite à sua vontade. Em casa pode saltar em cima da cama ou dar murros na sua almofada. Pode fazer barulho e dizer tudo o que lhe vier à cabeça. Pode gritar com o rosto enfiado na sua almofada. Correr ou jogar uma partida de ténis é ótimo para ajudar a libertar energia. Esteja irritado ou não, salte em cima da cama ou dê murros na almofada no mínimo uma vez por semana, só para libertar as tensões físicas que armazena no seu corpo.

Todos nós somos professores e estudantes.

Pergunte a si próprio:
«O que é que eu vim aqui aprender
e o que é que eu vim ensinar?»

TODAS AS MINHAS RELAÇÕES ESTÃO
ENVOLTAS NUM CÍRCULO DE AMOR

Envolva a sua família num círculo de amor, quer as pessoas estejam vivas ou não. Inclua nele os seus amigos, as pessoas que ama, o seu cônjuge, todas as pessoas do seu trabalho, do seu passado, aquelas a quem gostaria de perdoar mas que não sabe como. Afirme que tem relações maravilhosas e harmoniosas com todas as pessoas, que existe respeito mútuo e carinho dos dois lados. Saiba que é possível viver com dignidade, paz e alegria. Deixe este círculo de amor envolver todo o planeta e abra o seu coração para que esse espaço de amor incondicional se torne possível em si. Você é digno de todo esse amor. Você é maravilhoso. É poderoso. Abre-se a todo o bem. E assim é.

Dinheiro é energia: é uma troca
de serviços. É matéria e forma.
Não tem um significado próprio,
a não ser o valor que lhe atribuímos
e aquilo em que acreditamos a seu respeito.
Temos tantas «ideias» sobre o dinheiro,
mas na verdade trata-se apenas daquilo
que acreditamos merecer.

O MEU RENDIMENTO CRESCE CONSTANTEMENTE

A maneira mais rápida de fazer crescer o seu rendimento é através de trabalho mental. O que é que pode fazer para se ajudar a si próprio? Pode escolher atrair ou repelir o dinheiro ou outras formas de prosperidade. Lamentar-se não serve de nada. Você tem uma conta no banco cósmico mental e nela pode fazer depósitos de afirmações positivas e acreditar que merece, ou não. Afirme: *«O meu rendimento cresce constantemente. Eu mereço a prosperidade.»*

Nós resistimos o mais possível a tudo aquilo
que mais precisamos de aprender.
Se persistir em dizer:

«Não posso» ou «Não consigo»,

provavelmente estará a referir-se
a uma lição que é importante para si.

SOU MARAVILHOSA E SINTO-ME FANTÁSTICA

Reprogramar as crenças negativas é um processo muito poderoso. Uma boa maneira de o fazer é gravando uma cassete com a sua voz. A sua voz tem um significado enorme para si. Faça uma gravação com afirmações e ouça-a frequentemente. Terá um valor imenso para si. Se quiser que essa fita seja ainda mais poderosa, peça à sua mãe que lhe grave a cassete. Consegue imaginar-se a adormecer, ouvindo a sua mãe dizer-lhe o quão maravilhoso você é, quanto ela o ama, como está orgulhosa de si, como ela sabe que você pode ser tudo o que quiser neste mundo?

Vá atrás da alegria.
Faça disso o seu lema deste ano:

«Vá atrás da alegria!
A vida é para ser desfrutada hoje!»

ESTE ANO VOU FAZER O TRABALHO MENTAL PARA A MUDANÇA

Muitas pessoas tomam decisões no primeiro dia do ano, mas como não fazem mudanças internas, rapidamente as esquecem. Enquanto não se produzirem as mudanças interiores, enquanto a vontade de fazer o trabalho mental não despertar em si, na verdade nada vai mudar. A única coisa que é preciso mudar é um pensamento — apenas um pensamento. Até o ódio por nós próprios não passa de um pensamento que temos a nosso respeito. O que é que pode fazer por si, este ano, de um modo positivo? O que gostava de fazer por si este ano que não tenha feito o ano passado? Qual é a coisa de que gostava de se libertar, à qual o ano passado estava ainda tão agarrado? O que gostava de mudar na sua vida? Está disposto a fazer o trabalho que trará essas mudanças?

É muito confortável fazermos o papel
de vítimas, porque assim a culpa
é sempre de outra pessoa.
Afirme-se e assuma a sua responsabilidade.

TENHO O PODER DE FAZER A MUDANÇA

Há uma grande diferença entre responsabilidade e culpa. Quando falamos de responsabilidade, estamos a falar realmente de *ter poder*. Quando falamos de culpa, estamos a falar de *punição*. A responsabilidade é uma dádiva porque nos concede o poder de fazer a mudança. Infelizmente, algumas pessoas preferem interpretá-la no sentido da culpa. Essas pessoas, normalmente, de uma maneira ou outra, aceitam tudo numa onda de culpa. Trata-se de mais uma maneira de se punirem a si próprias. Atuar como uma vítima, por um lado, é muito confortável, porque assim os outros são sempre os responsáveis e nós não temos de mudar nada. Quando as pessoas insistem em comportar-se como vítimas, não podemos fazer grande coisa. Ou aceitam a informação ou não. E se não aceitarem, deixemo-las em paz. Não somos responsáveis pelo facto de elas se sentirem culpadas.

*O ressentimento, a crítica,
a culpa e o medo têm origem no facto
de culparmos os outros,
de não assumirmos a responsabilidade
pelas nossas próprias experiências.*

ESTOU MOTIVADA PELO AMOR

Liberte dentro de si todo o azedume e ressentimento. Afirme que está inteiramente disposto a perdoar incondicionalmente todas as pessoas. Se pensar em alguém que, de algum modo, em qualquer altura da sua vida, o possa ter prejudicado, abençoe essa pessoa com amor e liberte-a de uma vez por todas. Rejeite o pensamento. Ninguém pode tirar-lhe aquilo que por direito é seu. Aquilo que é verdadeiramente seu, na ordem Divina ser-lhe-á sempre devolvido. Se alguma coisa não regressar a si, é porque não era suposto regressar. Aceite o facto em paz. Dissolver o ressentimento é extremamente importante. Confie em si. Você está a salvo. Está motivado pelo amor.

Nunca nos sentimos compensados.
A vingança não funciona, porque aquilo
que damos volta sempre para nós.
A história tem de parar
num ponto qualquer.

LIBERTO-ME DE TODAS AS MINHAS VELHAS MÁGOAS E PERDOO A MIM PRÓPRIA

Quando nos agarramos ao passado com azedume e raiva e não nos permitimos experimentar o momento presente, estamos a desperdiçar o dia de hoje. Se nos fixarmos por muito tempo no azedume e no rancor, isso tem que ver com o facto de nos perdoarmos a nós próprios e não a outra pessoa. Se nos prendemos às velhas mágoas, estamos a punir-nos a nós próprios aqui e agora. Frequentemente estamos enfiados numa prisão de ressentimento hipócrita. Você prefere ter razão ou ser feliz? Perdoe-se a si próprio e pare de se punir.

A meditação, na verdade, é acalmarmo-nos
ao ponto de podermos entrar em contacto
com a nossa sabedoria interior.

EU SIGO A MINHA SABEDORIA INTERIOR

Parta desse ponto maravilhoso de amor do seu coração. Deixe-se ficar centrado e ame quem realmente é. Saiba que é uma Magnífica Expressão Divina da Vida. Aconteça o que acontecer *lá fora*, você está centrado. Tem o direito de ter os seus sentimentos. Tem o direito às suas opiniões. Você é simplesmente. Faz o trabalho de amar-se a si próprio. Esforça-se por abrir mais o seu coração. Empenha-se em fazer o que para si está certo e por entrar em contacto com a sua voz interior. A sua sabedoria interior conhece as respostas para si. Às vezes é um pouco assustador fazê-lo, porque a resposta que obtemos pode ser diferente daquilo que os nossos amigos querem que façamos. No entanto, lá no fundo, você sabe bem aquilo que é certo para si. Se seguir esta sabedoria interior, estará em paz com o seu próprio ser. Conceda todo o apoio a si próprio para poder fazer as escolhas certas. Quando tiver dúvidas, pergunte: *«Estou a seguir o ponto de amor no meu coração? Esta decisão é uma decisão de amor? Isto está certo para mim agora?»* A decisão que tomar poderá ser mudada. Mais tarde, um dia, uma semana, um mês poderá já não ser a escolha certa. Nessa altura poderá mudá-la. Pergunte a cada momento: *«Isto está bem para mim?»* E diga: *«Amo-me a mim próprio e estou a fazer as escolhas certas.»*

O corpo, como tudo o mais na vida,
é um espelho dos nossos pensamentos
e crenças.
Cada célula reage a cada pensamento
que ocorre e a cada palavra
que pronunciamos.

ESCUTO AS MENSAGENS DO MEU CORPO

Neste mundo de mudança eu escolho ser flexível em todas as áreas. Quero mudar e quero mudar as minhas crenças, para aumentar a qualidade da minha vida, do meu mundo. O meu corpo ama-me, apesar da forma como eu o trato. O corpo comunica comigo e agora escuto as suas mensagens. Eu quero receber a sua mensagem. Presto atenção e introduzo as correções necessárias. Dou ao meu corpo aquilo de que ele necessita a todos os níveis, por forma a trazê-lo de volta a um estado de saúde ótimo. Invoco sempre que necessário essa força interior que é minha. E assim é.

*Uma boa saúde é não sentir cansaço,
ter um bom apetite, adormecer e acordar
com facilidade, ter uma boa memória,
bom humor, precisão no pensamento
e na ação e ser honesto,
humilde, grato e carinhoso.
Em que medida é que você é saudável?*

O MEU CORPO, A MINHA MENTE E O MEU ESPÍRITO FORMAM UMA EQUIPA SAUDÁVEL

O corpo está sempre a dizer-nos algo. O que é que faz quando recebe uma mensagem do corpo como, por exemplo, uma pequena dor de cabeça ou outra dor? Normalmente corre para a caixa dos remédios ou vai à farmácia e toma um comprimido. Na realidade você diz ao seu corpo: *«Cala a boca! Não te quero ouvir. Não fales sequer comigo!»* Isso não é amar o corpo. Quando sentir a primeira dor, ou quando houver qualquer coisa que pareça estar mal, sente-se, feche os olhos e muito calmamente pergunte a si próprio: *«De que é que eu necessito agora?»* Aguarde uns minutos pela resposta. Se calhar poderá ser uma coisa tão simples como, *«Vai dormir um pouco».* Ou poderá ser uma coisa mais forte. Se quiser que o seu corpo funcione bem durante muito tempo, então terá de fazer parte da equipa de cura do corpo, da mente e do espírito.

Se estamos à espera de sermos perfeitos
para nos amarmos a nós próprios,
vamos desperdiçar as nossas vidas.
Nós já somos perfeitos, aqui e agora.

SOU PERFEITA TAL COMO SOU

Não sou nem de mais, nem de menos. Não preciso de provar a ninguém, nem a nada aquilo que eu sou. Já consegui perceber que sou a expressão perfeita da Unidade da Vida. Na Infinidade da Vida já tive muitas identidades, cada uma delas a expressão perfeita para essa vida em particular. Estou satisfeita por ser quem sou e com aquilo que desta vez eu sou. Não anseio ser como outra pessoa qualquer pois esse não foi o modo de expressão que escolhi desta vez. Para a próxima serei diferente. Sou perfeita tal como sou, aqui e agora. Sou suficiente. Sou una com toda a vida. Não é preciso lutar para ser melhor. Preciso simplesmente de conseguir amar-me hoje mais do que ontem e encarar-me a mim própria como alguém que é profundamente amada. À medida que a minha estima por mim própria aumenta, desabrocham em mim uma alegria e uma beleza que tenho dificuldade em começar a entender. O amor é o alimento que o ser humano mais necessita para preencher toda a sua grandiosidade. Conforme vou aprendendo a amar-me a mim própria, aprendo também a amar mais os outros. Juntos podemos alimentar com amor um mundo cada vez mais maravilhoso. Estamos todos curados e o mesmo se verifica com o planeta. Reconheço com alegria a minha perfeição e a perfeição da Vida. E assim é.

Quando crescemos, ficamos tão preocupados
com aquilo que os vizinhos pensam...
Dizemos para connosco:

«Será que eles me aprovam?»

Todas as pessoas e tudo o que existe são
únicos e diferentes e é assim
que é suposto serem.
Se fôssemos como outras pessoas,
não estaríamos a expressar a nossa
singularidade.

EU SOU O MEU SER ÚNICO

Você não é o seu pai. Nem a sua mãe. Não é nenhum dos seus parentes. Não é os seus professores da escola, nem é também as limitações que lhe foram impostas na sua formação religiosa primária. Você é *você mesmo*. Especial e único, com um conjunto próprio de talentos e capacidades. Ninguém é capaz de fazer as coisas exatamente do mesmo modo que você as faz. Não há competição nem comparação. Você é merecedor do seu próprio amor e da sua própria aceitação. É um ser magnífico. É livre. Admita isto como a nova verdade para si. E assim é.

Criamos hábitos e problemas para preencher
uma necessidade dentro de nós.
Quando conseguimos encontrar um modo
positivo de preencher essa necessidade,
podemos libertar-nos do problema.

EXISTE UMA SOLUÇÃO PARA CADA PROBLEMA

Para cada problema que crio existe uma solução. Não estou limitada pelo pensamento da minha mente humana porque estou ligada à Sabedoria e ao Conhecimento Universais. Sou originária desse espaço de amor do coração e sei que o amor me abre todas as portas. Existe um Poder que está sempre disponível e que me ajuda a enfrentar e a ultrapassar cada desafio e qualquer crise que surja na minha vida. Sei que não existe problema algum para o qual, algures no mundo, não tenha já sido encontrada uma solução. Por isso, sei que isso pode acontecer comigo. Envolvo-me num casulo de amor e sei que estou segura. Tudo está bem no meu mundo.

Funcionamos com apenas
dez por cento do nosso cérebro.
Para que servem os restantes
noventa por cento?
Pense nisso.
Quanto mais podemos saber?

ENTREGO OS MEUS PROBLEMAS E DURMO EM PAZ

O sono é o momento em que recuperamos e nos distanciamos do dia. O nosso corpo recompõe-se, renova-se e refresca-se. A nossa mente passa para o estado do sonho onde os problemas do dia são resolvidos. Preparamo-nos para o dia seguinte. Conforme vamos entrando no sono, precisamos de transportar pensamentos positivos connosco — pensamentos que criarão um novo dia fantástico, um novo futuro maravilhoso. Por isso, se sentir alguma raiva ou culpa em si, liberte-a. Se sentir ressentimento ou medo, liberte-o. Se sentir inveja ou ira, liberte-a. Se houver culpa ou qualquer necessidade de punição escondida nos recantos da sua mente, liberte-se delas. Sinta somente a paz na sua mente e no seu corpo à medida que vai deslizando para o sono.

O trabalho que vai realizar em si
não é um objetivo, é um processo
— um processo para a vida inteira.
Desfrute desse processo.

ESTOU AQUI NO TEMPO CERTO

Encontramo-nos todos numa viagem sem fim através da eternidade, e o tempo que passamos neste plano de ação é apenas um breve instante. Escolhemos vir a este mundo para aprendermos lições e trabalharmos no nosso crescimento espiritual, expandindo a nossa capacidade de amar. Não existe um tempo certo ou um tempo errado para ir e vir. Chegamos sempre a meio do filme e também partimos a meio do filme. Partimos quando completamos a nossa função específica. Vimos para aprender a amarmo-nos mais a nós próprios e a partilhar esse amor com todos os que nos rodeiam. Vimos para abrir os nossos corações a um nível muito mais profundo. A nossa capacidade de amar é a única coisa que transportamos connosco quando partimos. Se partíssemos hoje, quanto levaríamos connosco?

Opte por acreditar que é fácil
mudar um pensamento
ou um padrão.

EU TENHO SEMPRE ESCOLHA

Quase todos nós temos ideias estranhas acerca de quem somos e igualmente imensas regras rígidas sobre o modo como *temos de* viver a vida. Vamos retirar para sempre do nosso vocabulário a expressão *«ter de»*. *«Ter de»* é uma expressão que nos torna prisioneiros de nós próprios. Cada vez que a utilizamos estamos a punir-nos, ou estamos a punir uma outra pessoa. Na verdade estamos a dizer *«não sou suficientemente bom»*. O que é que podemos eliminar da nossa lista dos *«ter de»*? Substitua a expressão *«tenho de»* pela palavra *«podia»*. *«Podia»* transmite a noção de que temos escolha, e escolha é liberdade. Temos de ter consciência de que tudo o que fazemos na vida é feito por opção. Não temos realmente de fazer nada. Podemos sempre escolher.

Descubra uma imagem de algo
de que goste realmente:
flores, um arco-íris, uma canção especial,
um desporto que adore.
Recorra a essa imagem sempre
que começar a sentir medo.

ESTOU EM HARMONIA COM A NATUREZA

Sei e afirmo-o. Amo-me e aprovo-me a mim própria. Tudo está bem no meu mundo. Inalo a preciosa e abundante respiração da vida e deixo o meu corpo, a minha mente e as minhas emoções sentirem o descanso. Não é preciso ter medo de nada. Estou em harmonia com toda a Vida — o Sol, a Lua, os ventos, a chuva, a terra e o movimento da Terra. O poder que restabelece a terra é meu amigo. Estou em paz com os elementos. Os elementos da natureza são meus amigos. Sou flexível e posso fluir. Estou sempre segura e a salvo. Não há mal que me possa atingir. Durmo, acordo e movimento-me em completa segurança. Não sou só eu que estou a salvo; os meus amigos, a minha família e as pessoas que me são queridas também estão. Confio que o poder que me criou me protege em todas as ocasiões, sejam quais forem as circunstâncias. Somos nós que criamos a nossa própria realidade. Crio para mim uma realidade de unidade e de segurança. Onde eu estiver, haverá sempre uma ilha de segurança. Estou segura, tudo é mudança apenas. Amo-me e aprovo-me a mim própria. Confio em mim. Tudo está bem no meu mundo.

*O adiamento é mais uma forma
de resistência.*

ESTOU A DESENVOLVER UMA CARREIRA
DE QUE GOSTO IMENSO

O que é que pensa do seu trabalho? Considera-o uma obrigação que *tem de* cumprir, ou encara-o como algo que gosta mesmo de fazer e que inclusivamente lhe dá prazer? Comece a afirmar que aquilo que faz o preenche bastante. O trabalho dá-lhe prazer. Você liga-se à criatividade do Universo e permite que esta flua através de si de um modo que o preenche imensamente. Afirme isto sempre que tiver pensamentos negativos acerca do seu trabalho.

Se optar por acreditar que:
«Toda a gente está sempre disposta a ajudar»,
verificará que onde quer que vá,
haverá sempre pessoas que o ajudam.

CADA PESSOA FAZ PARTE DA
GLOBALIDADE HARMONIOSA

Cada um de nós é uma ideia Divina que se expressa através da Mente Una de várias maneiras harmoniosas. Juntámo-nos todos porque há algo que necessitamos de aprender uns com os outros. Existe um propósito no estarmos juntos. Não há necessidade de lutarmos acerca deste propósito ou de nos culparmos uns aos outros pelo que está a acontecer. É seguro aperfeiçoarmos o amor por nós próprios para, a partir dessa experiência, crescermos e colhermos os benefícios. Optamos por trabalhar em conjunto para trazer harmonia à nossa atividade e a cada área das nossas vidas. Tudo o que fazemos é baseado na verdade una — a verdade dos nossos seres e a verdade da Vida. A justa ação Divina guia-nos em cada momento do dia. Pronunciamos a palavra certa no momento certo e seguimos sempre a sequência certa nas nossas ações. Cada pessoa faz parte da globalidade harmoniosa. Existe uma fusão Divina de energias quando as pessoas colaboram com verdadeira alegria, quando se apoiam e incentivam umas às outras de um modo produtivo que as satisfaça plenamente. Temos sucesso em cada área do nosso trabalho e das nossas vidas. Temos saúde, estamos felizes, sentimos amor, alegria, respeito, apoio, somos produtivos, estamos em paz connosco e com os outros. Este tratamento é libertado com todo o amor na Mente Una que faz o trabalho e que o torna manifesto nas nossas vidas. Assim seja e assim é. Está feito!

Estamos no limiar de um novo despertar
de consciência a nível planetário.
Até que ponto está disposto a expandir
os horizontes do seu pensamento?

SOU UM COM TODOS NO PLANETA

Não acredito em dois poderes, no bem e no mal. Penso que existe um Único Espírito Infinito e que os seres humanos têm a oportunidade de utilizar a inteligência e a sabedoria e as ferramentas que lhes foram facultadas. Quando falamos acerca *deles*, estamos sempre a falar de *nós*, porque nós somos as pessoas, somos nós o governo, as igrejas, somos nós o próprio planeta. O local para começarmos a introduzir a mudança é aqui mesmo onde nos encontramos. Eu penso que é demasiado fácil uma pessoa dizer: *«Isto é o diabo»*, ou *«A culpa é deles»*. Na verdade somos sempre *nós*!

Nós tanto podemos destruir o planeta
como curá-lo.
Isso depende de cada um de nós.
Sente-se um pouco todos os dias
e envie energia de amor
e de cura para o planeta.
Aquilo que fazemos com as nossas mentes
faz uma grande diferença.

ESTOU LIGADA A TODA A MINHA VIDA

Eu sou espírito, luz, energia, vibração, cor e amor. Sou muito mais do que aquilo que acredito ser. Estou ligada a cada pessoa neste planeta e a toda a vida. Vejo-me saudável, completa e a viver numa sociedade onde é seguro ser quem sou e amarmo-nos uns aos outros. Eu guardo esta visão para mim mesma e para todos nós, pois este é um tempo de cura e de nos tornarmos completos. Eu faço parte dessa plenitude. Eu sou una com a vida. E assim é.

Se vai ouvir o que as pessoas dizem,
escute os vencedores.
Ouça as pessoas que sabem o que fazem
e que podem provar aquilo que fazem.

SOU UMA VENCEDORA POR NATUREZA

Conforme vamos aprendendo a amar-nos a nós mesmos, vamo-nos tornando poderosos. O amor por nós mesmos faz com que de vítimas nos transformemos em vencedores. O amor por nós próprios atrai até nós experiências maravilhosas. As pessoas que se sentem bem consigo próprias são naturalmente atraentes porque têm uma aura à sua volta verdadeiramente magnífica. Na Vida estão sempre a ganhar. Nós podemos querer aprender a amarmo-nos a nós mesmos. Nós também podemos ser vencedores.

*Hoje é um dia muito excitante
na sua vida.
Você está numa aventura fantástica
e nunca mais vai voltar a este
processo em particular.*

ESTOU NUMA VIAGEM SEM FIM
ATRAVÉS DA ETERNIDADE

Na Infinidade da Vida tudo é perfeito, uno e completo. O ciclo da Vida é também perfeito, uno e completo. Existe um tempo de começo, um tempo de crescimento, um tempo de ser, um tempo de definhar ou de desgaste e um tempo de partida. Todos eles constituem a perfeição da Vida. Consideramos isso normal e natural e, apesar de por vezes nos sentirmos tristes, aceitamos o ciclo e os seus ritmos. Por vezes verifica-se subitamente, no meio do ciclo, um final abrupto. Sentimo-nos arrasados e ameaçados. Alguém que morre demasiado jovem, ou qualquer coisa que foi derrubada e que se partiu. Pensamentos dolorosos recordam-nos frequentemente que também nós somos mortais — o nosso ciclo também tem um fim. Será que vamos viver a sua plenitude ou será que vamos ter igualmente um fim precoce? A vida está sempre a mudar. Não há princípio nem fim, apenas uma constante passagem e reciclagem da substância e da experiência. A vida nunca fica presa, estática ou desinteressante, pois cada momento é sempre novo e fresco. Cada final é sempre um novo ponto de começo.

ÍNDICE

LIVROS NA COLEÇÃO

026 | 003 Nora Roberts
Sonho de Esperança

027 | 002 Guillaume Musso
Salva-me

028 | 003 Juliet Marillier
Máscara de Raposa — Vol. I

028 | 004 Juliet Marillier
Máscara de Raposa — Vol. II

029 | 001 Leslie Silbert
A Anatomia do Segredo

030 | 002 Danielle Steel
Tempo para Amar

031 | 002 Daniel Silva
Príncipe de Fogo

032 | 001 Edgar Allan Poe
Os Crimes da Rua Morgue

033 | 001 Tessa De Loo
As Gémeas

034 | 002 Mary Higgins Clark
A Rua Onde Vivem

035 | 002 Simon Scarrow
O Voo da Águia

036 | 002 Dan Brown
Anjos e Demónios

037 | 001 Juliette Benzoni
O Quarto da Rainha
(O Segredo de Estado — I)

038 | 002 Bill Bryson
Made in America

039 | 002 Eça de Queirós
Os Maias

040 | 001 Mario Puzo
O Padrinho

041 | 004 Nora Roberts
As Joias do Sol

042 | 001 Douglas Preston
Relíquia

043 | 001 Camilo Castelo Branco
Novelas do Minho

044 | 001 Julie Garwood
Sem Perdão

045 | 005 Nora Roberts
Lágrimas da Lua

046 | 003 Dan Brown
O Código Da Vinci

047 | 001 Francisco José Viegas
Morte no Estádio

048 | 001 Michael Robotham
O Suspeito

049 | 001 Tess Gerritsen
O Aprendiz

050 | 001 Almeida Garrett
Frei Luís de Sousa e Falar
Verdade a Mentir

051 | 003 Simon Scarrow
As Garras da Águia

052 | 002 Juliette Benzoni
O Rei do Mercado (O
Segredo de Estado — II)

053 | 001 Sun Tzu
A Arte da Guerra

054 | 001 Tami Hoag
Antecedentes Perigosos

055 | 001 Patricia MacDonald
Imperdoável

056 | 001 Fernando Pessoa
A Mensagem

057 | 003 Danielle Steel
Estrela

058 | 006 Nora Roberts
Coração do Mar

059 | 001 Janet Wallach
Seraglio

060 | 007 Nora Roberts
A Chave da Luz

061 | 001 Osho
Meditação

062 | 001 Cesário Verde
O Livro de Cesário Verde

063 | 003 Daniel Silva
Morte em Viena

064 | 001 Paulo Coelho
O Alquimista

065 | 002 Paulo Coelho
Veronika Decide Morrer

066 | 001 Anne Bishop
A Filha do Sangue

067 | 001 Robert Harris
Pompeia

068 | 001 Lawrence C. Katz e
Manning Rubin
Mantenha o Seu Cérebro Ativo

069 | 003 Juliette Benzoni
*O Prisioneiro da Máscara
de Veludo* (O Segredo
de Estado — III)

070 | 001 Louise L. Hay
Pode Curar a Sua Vida

071 | 008 Nora Roberts
A Chave do Saber

072 | 001 Arthur Conan Doyle
*As Aventuras de
Sherlock Holmes*

073 | 004 Danielle Steel
O Preço da Felicidade

074 | 004 Dan Brown
A Conspiração

075 | 001 Oscar Wilde
O Retrato de Dorian Gray

076 | 002 Maria Helena Ventura
Onde Vais Isabel?

077 | 002 Anne Bishop
Herdeira das Sombras

078 | 001 Ildefonso Falcones
A Catedral do Mar

079 | 002 Mario Puzo
O Último dos Padrinhos

080 | 001 Júlio Verne
A Volta ao Mundo em 80 Dias

081 | 001 Jed Rubenfeld
A Interpretação do Crime

082 | 001 Gerard de Villiers
*A Revolução dos
Cravos de Sangue*

083 | 001 H. P. Lovecraft
Nas Montanhas da Loucura

084 | 001 Lewis Carroll
Alice no País das Maravilhas

085 | 001 Ken Follett
O Homem de Sampetersburgo

086 | 001 Eckhart Tole
O Poder do Agora

087 | 009 Nora Roberts
A Chave da Coragem

088 | 001 Julie Powell
Julie & Julia

089 | 001 Margaret George
*A Paixão de Maria
Madalena — Vol. I*

090 | 003 Anne Bishop
Rainha das Trevas

091 | 004 Daniel Silva
O Criado Secreto

092 | 005 Danielle Steel
Uma Vez na Vida

093 | 003 Eça de Queirós
A Cidade e as Serras

094 | 005 Juliet Marillier
O Espelho Negro (As
Crónicas de Bridei — I)

095 | 003 Guillaume Musso
Estarás Aí?

096 | 002 Margaret George
*A Paixão de Maria
Madalena — Vol. II*

097 | 001 Richard Doetsch
O Ladrão do Céu

098 | 001 Steven Saylor
Sangue Romano

099 | 002 Tami Hoag
Prazer de Matar

100 | 001 Mark Twain
As Aventuras de Tom Sawyer

101 | 002 Almeida Garrett
Viagens na Minha Terra

102 | 001 Elizabeth Berg
Quando Estiveres Triste, Sonha

103 | 001 James Runcie
O Segredo do Chocolate

104 | 001 Pauk J. Mcauley
A Invenção de Leonardo

105 | 003 Mary Higgins Clark
Duas Meninas Vestidas de Azul

106 | 003 Mario Puzo
O Siciliano

107 | 002 Júlio Verne
Viagem ao Centro da Terra

108 | 010 Nora Roberts
A Dália Azul

109 | 001 Amanda Smyth
*Onde Crescem Limas não
Nascem Laranjas*

110 | 002 Osho
*O Livro da Cura — Da
Medicação à Meditação*

111 | 006 Danielle Steel
Um Longo Caminho para Casa

112 | 005 Daniel Silva
O Assassino Inglês

113 | 001 Guillermo Cabrera Infante
A Ninfa Inconstante

114 | 006 Juliet Marillier
A Espada de Fortriu

115 | 001 Vários Autores
Histórias de Fantasmas

116 | 011 Nora Roberts
A Rosa Negra

117 | 002 Stephen King
Turno da Noite

118 | 003 Maria Helena Ventura
A Musa de Camões

119 | 001 William M. Valtos
A Mão de Rasputine

120 | 002 Gérard de Villiers
Angola a Ferro e Fogo

121 | 001 Jill Mansell
A Felicidade Mora ao Lado

122 | 003 Paulo Coelho
O Demónio e a Senhorita Prym

123 | 004 Paulo Coelho
O Diário de Um Mago

124 | 001 Brad Thor
O Último Patriota

125 | 002 Arthur Conan Doyle
O Cão dos Baskervilles

126 | 003 Bill Bryson
Breve História de Quase Tudo

127 | 001 Bill Napier
O Segredo da Cruz de Cristo

128 | 002 Clive Cussler
Cidade Perdida

129 | 001 Paolo Giordano
A Solidão dos Números Primos

130 | 012 Nora Roberts
O Lírio Vermelho

131 | 001 Thomas Swan
O Falsificador de Da Vinci

132 | 001 Margaret Doody
O Enigma de Aristóteles

133 | 007 Juliet Marillier
O Poço das Sombras

134 | 001 Mário de Sá-Carneiro
A Confissão de Lúcio

135 | 001 Colleen McCullough
A Casa dos Anjos

136 | 013 Nora Roberts
Herança de Fogo

137 | 003 Arthur Conan Doyle
Um Estudo em Vermelho

138 | 004 Guillaume Musso
Porque te Amo

139 | 002 Ken Follett
A Chave para Rebecca

140 | 002 Maeve Binchy
De Alma e Coração

141 | 002 J. R. Lankford
Cristo Clonado

142 | 002 Steven Saylor
A Casa das Vestais

143 | 002 Elizabeth Gilbert
Filha do Mar

144 | 001 Federico Moccia
Quero-te Muito

145 | 003 Júlio Verne
Vinte Mil Léguas Submarinas

146 | 014 Nora Roberts
Herança de Gelo

147 | 002 Marc Levy
Voltar a Encontrar-te

148 | 002 Tess Gerritsen
O Cirurgião

149 | 001 Alexandre Herculano
Eurico, o Presbítero

150 | 001 Raul Brandão
Húmus

151 | 001 Jenny Downham
Antes de Eu Morrer

152 | 002 Patricia MacDonald
Um Estranho em Casa

153 | 001 Eça de Queirós e
Ramalho Ortigão
O Mistério da Estrada de Sintra

154 | 003 Osho
Alegria — A Felicidade Interior

155 | 015 Nora Roberts
Herança da Vergonha

156 | 006 Daniel Silva
A Marca do Assassino

157 | 002 Camilo Castelo Branco
A Queda dum Anjo

158 | 007 Danielle Steel
Jogos de Sedução

159 | 001 Florbela Espanca
Sonetos

160 | 002 Margaret Doody
A Justiça de Aristóteles

161 | 003 Tess Gerritsen
A Pecadora

162 | 003 Ken Follett
O Vale dos Cinco Leões

163 | 004 Júlio Verne
Da Terra à Lua

164 | 001 F. Scott Fitzgerald
O Grande Gatsby

165 | 002 Federico Moccia
Três Metros Acima do Céu

166 | 001 Aquilino Ribeiro
O Malhadinhas

167 | 004 Osho
*Liberdade — A Coragem
de Ser Você Mesmo*

168 | 007 Daniel Silva
A Mensageira

169 | 005 Guillaume Musso
Volto para Te Levar

170 | 001 Niccolò Ammaniti
Como Deus Manda

171 | 005 Júlio Verne
À Volta da Lua

172 | 001 Alberto Caeiro
Poemas

173 | 004 Tess Gerritsen
Duplo Crime

174 | 005 Osho
Inteligência — A Resposta Criativa

211 | 004 Anne Bishop
A Voz

212 | 001 Kathryn Stockett
As Serviçais

213 | 002 Augusto Cury
Filhos Brilhantes,
Alunos Fascinantes

214 | 001 Kurt Vonnegut
Matadouro Cinco

215 | 001 P. C. Cast e Kristin Cast
Marcada

216 | 003 Clive Cussler
Gelo Ardente

217 | 009 Daniel Silva
As Regras de Moscovo

218 | 002 John Grisham
O Testamento

219 | 004 Simon Scarrow
A Águia e os Lobos

220 | 010 Danielle Steel
A Casa da Rua da Esperança

221 | 005 Ken Follett
O Terceiro Gémeo

222 | 001 Luís de Camões
Sonetos

223 | 004 Mary Higgins Clark
Do Fundo do Coração

224 | 003 Steven Saylor
Um Gladiador só
Morre uma Vez

225 | 002 P. C. Cast e Kristin Cast
Traída

226 | 001 Rubem Fonseca
A Grande Arte

227 | 002 Kristin Hannah
A Escolha

228 | 006 Arthur Conan Doyle
O Último Adeus de
Sherlock Holmes

229 | 001 Alexandre Honrado
Os Venturosos

230 | 002 Sveva Casati Modignani
Baunilha e Chocolate

231 | 001 Sherrilyn Kenion
Amante de Sonho

232 | 004 Marc Levy
O Ladrão de Sombras

233 | 003 Brad Thor
O Apóstolo

234 | 006 Guillaume Musso
Que Seria Eu Sem Ti?

235 | 006 Osho
Intuição

236 | 001 Paul Sussman
Oásis Escondido

237 | 001 Teolinda Gersão
A Cidade de Ulisses

238 | 010 Daniel Silva
A Marcha

239 | 003 Stephen King
Misery

240 | 003 John Grisham
O Sócio

241 | 002 Jill Mansell
A Pensar em Ti

242 | 006 Paulo Coelho
O Alquimista

243 | 004 Steven Saylor
O Abraço de Némesis

244 | 003 P.C. Cast e Kristin Cast
Escolhida

245 | 001 Linda Howard
Um Beijo na Escuridão

246 | 005 Simon Scarrow
A Águia de Sangue

247 | 001 Karen Marie Moning
Highlander, Para
Além das Brumas

248 | 006 Ken Follett
O Preço do Dinheiro

249 | 002 Franz Kafka
A Transformação (A Metamorfose)

250 | 007 Osho
Intimidade

251 | 007 Ken Follett
O Estilete Assassino

252 | 011 Daniel Silva
O Desertor

253 | 007 Paulo Coelho
Onze Minutos

254 | 004 Eça de Queirós
A Ilustre Casa de Ramires

255 | 002 Eckhart Tolle
Um Novo Mundo

256 | 001 António Brito
Olhos de Caçador

257 | 001 Kate Morton
O Segredo da Casa de Riverton

258 | 001 Johann Wolfgang
von Goethe
A Paixão do Jovem Werther

259 | 005 Mary Higgins Clark
Eu Sei que Voltarás

260 | 001 Penny Vincenzi
Uma Mulher Diferente

261 | 011 Danielle Steel
Segredos

262 | 006 Tess Gerritsen
Lembranças Macabras

263 | 003 Augusto Cury
A Ditadura da Beleza

264 | 002 Louise L. Hay
O Poder Está Dentro de Si

265 | 001 Rosa Lobato Faria
As Esquinas do Tempo

266 | 001 Miguel Miranda
Contos à Moda do Porto

267 | 002 Deborah Smith
Segredos do Passado

268 | 004 Brad Thor
O Projeto Atena

269 | 001 Brian Weiss
Muitas Vidas, Muitos Mestres

270 | 001 Catherine Bybee
Casado Até Quarta

271 | 005 Steven Saylor
O Enigma de Catilina

272 | 001 James Rollins
A Colónia do Diabo

273 | 004 John Grisham
Os Litigantes

274 | 002 Rosa Lobato Faria
Vento Suão

275 | 001 Sylvain Reynard
O Inferno de Gabriel

276 | 002 Kate Morton
O Jardim dos Segredos

277 | 001 Robin Sharma
*O Santo, o Surfista
e a Executiva*

278 | 012 Daniel Silva
O Espião Improvável

279 | 002 Florbela Espanca
Contos Completos

280 | 008 Paulo Coelho
Brida

281 | 001 Jojo Moyes
Um Violino na Noite

282 | 001 Deepak Chopra
A Alma do Líder

283 | 001 Susan Lewis
Depois da Luz

284 | 001 Maya Banks
Obsessão

285 | 008 Osho
Consciência

323 | 001 J. D. Robb
Nudez Mortal

324 | 002 Deepak Chopra
Poder, Liberdade e Graça

325 | 001 Emily Giffin
Escolhi o Teu Amor

326 | 001 Nicolau Maquiavel
O Príncipe

327 | 007 Mary Higgins Clark
Os Anos Perdidos

328 | 003 Maya Banks
Fogo

329 | 007 Steven Saylor
Crime na Via Ápia

330 | 001 Shajen Joy Aziz e
Demian Lichtenstein
O Dom

331 | 001 João Pedro Marques
Os Dias da Febre

332 | 001 Bram Stoker
Drácula

333 | 001 Irvin D. Yalom
Quando Nietzsche Chorou

334 | 002 Beth Kery
Quando Estou Contigo

335 | 017 Nora Roberts
Do Fundo do Coração

336 | 003 Isabel Allende
A Cidade dos Deuses Selvagens

337 | 003 Beth Kery
Porque Somos um Só

338 | 003 Camilo Castelo Branco
Amor de Perdição

339 | 006 John Grisham
O Manipulador

340 | 015 Danielle Steel
Preces Atendidas

341 | 006 Eça de Queirós
O Primo Basílio

342 | 003 Aquilino Ribeiro
Quando os Lobos Uivam

343 | 006 Brad Thor
Matéria Negra

344 | 018 Nora Roberts
Escândalos Privados

345 | 001 Álvaro de Campos
*Antologia Poética —
Poemas Escolhidos*

346 | 008 Mary Higgins Clark
Uma Canção de Embalar

347 | 003 Penny Vincenzi
Cruel Abandono

348 | 004 Isabel Allende
O Reino do Dragão de Ouro

349 | 006 Stephen King
A Cúpula — livro I

350 | 009 Paulo Coelho
O Zahir

351 | 001 Erich Maria Remarque
Uma Noite em Lisboa

352 | 002 J. D. Robb
Glória Mortal

353 | 002 James Rollins
Linhagem Sangrenta

354 | 003 Colleen McCullough
Agridoce

355 | 009 Osho
*Coragem — A Alegria
de Viver Perigosamente*

356 | 015 Daniel Silva
O Anjo Caído

357 | 005 Isabel Allende
O Bosque dos Pigmeus

358 | 003 Deepak Chopra
Energia sem Limites

359 | 019 Nora Roberts
Tesouros Escondidos

360 | 003   Jojo Moyes
A Última Carta de Amor

361 | 001   Olen Steinhauer
O Caso do Cairo

362 | 016   Danielle Steel
Resgate

363 | 007   Brad Thor
A Lista Negra

364 | 007   Stephen King
A Cúpula — livro II

365 | 006   Dan Brown
Inferno

366 | 001   J. Rentes de Carvalho
A Amante Holandesa

367 | 010   Paulo Coelho
Manual do Guerreiro da Luz

368 | 006   Isabel Allende
A Soma dos Dias

369 | 020   Nora Roberts
A Villa

370 | 002   Alexandre Herculano
*História da Origem e do
Estabelecimento da Inquisição
em Portugal — tomo I*

371 | 008   Stephen King
The Shining

372 | 011   Paulo Coelho
O Aleph

373 | 017   Danielle Steel
Laços Familiares

374 | 016   Daniel Silva
A Rapariga Inglesa

375 | 007   Arthur Conan Doyle
*As Memórias de
Sherlock Holmes*

376 | 009   Mary Higgins Clark
O Azul dos Teus Olhos

377 | 003   Alexandre Herculano
*História da Origem e
Estabelecimento da Inquisição
em Portugal – tomo II*

378 | 003   Louise L. Hay
Pensamentos do Coração

379 | 002   Catherine Bybee
Casado Até Segunda

Rua Professor Jorge da Silva Horta, n.º 1 | 1500-499 Lisboa
Telefone: 217 626 000
e-mail: editora@bertrand.pt